कामयाबी कैसे...

स्वाति-शैलेश लोढ़ा

फ्यूजन बुक्स

इस किताब को पढ़िए

आप स्वयं को जान पाएंगे

इस किताब से जुड़िये

आप स्वयं को चाह पाएंगे

इस किताब को जीवन में उतारिये

आप **"सफलता की राह"** पाएंगे।

अब आपके साथ है आपका मित्र, प्रेरक और पथ प्रदर्शक...

ISBN : 81-288-0049-3

प्रकाशक : **फ्यूजन बुक्स**
X-30, ओखला इंडस्ट्रियल एरिया, फेज-II
नई दिल्ली-110020
फोन : 011-40712100
फैक्स : 011-41611866
ई-मेल : sales@dpb.in
वेबसाइट : www.dpb.in
संस्करण : 2021
मुद्रक : आदर्श प्रिंटर्स, दिल्ली-95

Kamyabi Kaise...
by : Swati Shelesh Loda

हमारे माता-पिता

श्रीमती शोभा - श्री श्यामसिंह लोढ़ा

श्रीमती विमला - डॉ. महेन्द्र भण्डारी

और प्यारी

स्वरा

को

अनुक्रम

कामयाबी कैसे की यात्रा...

सफलता की राह सदैव निर्माणाधीन है
सफलता की यात्रा अनवरत है

चूँकि आपने इस किताब को खोला है तो निश्चित ही आप इस विचार से सहमत होंगे।

हमें विश्वास है इस वक्त या तो आप अपनी सफलता की राह के निर्माण में लगे होंगे या शायद उस राह में आने वाली बाधाओं को दूर करने में व्यस्त होंगे या हो सकता है कि आप अपनी सही राह चुन रहे हों।

यदि आपने यह पुस्तक महज जिज्ञासा की वजह से खोली है, तो माफ कीजिएगा हो सकता है आपका **सफलता के राजमार्ग** के प्रति कोई रुझान नहीं हो, फिर तो आपको यह किताब जरूर पढ़नी चाहिये। हम दावा तो नहीं करते लेकिन विश्वास रखते हैं कि यह पुस्तक आपको **जीवन बिताना नहीं बल्कि जीवन जीना सिखाएगी**।

यह पुस्तक हम दोनों के जी जान से मिलजुल कर काम करने का नतीजा है। इसका प्रारम्भ हमारी "बेहिसाब बहसों" से शुरू हुआ जो कि अन्ततः "अन्तहीन लेखन" में बदल गया। खूब सारे तरह-तरह के विचारों के आदान-प्रदान का कारण एक ही था। सही सिद्धान्त, सही शब्द और अन्ततः सही किताब की खोज।

जब हम खूब सारी बहसें कर चुके तब कहीं कुछ-कुछ स्पष्ट होने लगा। हमारे विचारों ने अन्ततोगत्वा सही शब्दों का रूप लिया और शब्दों ने मूर्त रूप लिया **'कामयाबी कैसे'** के रूप में।

इस पुस्तक के माध्यम से हम स्पष्ट रूप से सिर्फ एक संदेश देना चाहते हैं "स्वयं को पहचानिये और बेहतर बनने के लिए स्वयं को बदल डालिये।"

सामान्यतः सफलता और प्रेरणा से जुड़ी सभी पुस्तकें किसी भी अध्याय से शुरुआत कर के पढ़ी जा सकती है, यानी जरूरी नहीं कि आप प्रारम्भ से

अंत की दिशा में ही पढ़ें। ये पुस्तक इंसानों के नजरिये, प्रेरणा या संप्रेषण के बारे में बताती है। लेकिन आपसे आग्रह है कि **कामयाबी कैसे...** को एक साथ प्रारम्भ से अंत तक पढ़ें। इसे लगातार पढ़ना आवश्यक है। यह किसी भी अध्याय से शुरू कर पढ़ने वाली पुस्तक है।

यह पुस्तक अगर एक साथ लगातार पढ़ी जाए तो अद्‌भुत परिणाम देगी। प्रथम से अंतिम पृष्ठ तक यह विभिन्न चरित्रों के मनुष्यों की अन्तर्यात्रा है।

धीरे-धीरे सभी अध्यायों की यात्रा और अंततः आपको मिलेगा आपके भीतर एक नैया **'मैं'** यानी आपका नया रूप

शुभ यात्रा

स्वाति-शैलेश लोढ़ा

सिर्फ मेरी बात :

आप जरूर आश्चर्यचकित भाव से सोच रहे होंगे कि जब पूरी पुस्तक दोनों में मिलजुल कर लिखी है तो यह विशेष टिप्पणी क्यों?

यह अलग से अपनी बात कहना असल में एक स्वीकारोक्ति है। मैंने पुस्तक की आउट्‌लाईन यानी एक खाका भर तैयार किया और सौंप दिया स्वाति को जो हर मायने से मेरी कुशल अर्द्धांगिनी है। यह उसी का परिश्रम, नजरिया और सम्पूर्ण समर्पण था कि **कामयाबी कैसे...** एक पुस्तक के रूप में सामने आ सकी। कई सारे कार्यों में एक साथ व्यस्त होने के बावजूद रिकॉर्ड समय में स्वाति ने इस पुस्तक को पूरा किया। यह उसी का ही माद्दा था।

अतः वही मूल लेखिका है। इस अद्‌भुत रचना का सारा श्रेय उसी को जाता है, आशा है आप पसंद करेंगे।

– शैलेश लोढ़ा

और अंततः जहाँ-जहाँ इस पुस्तक में आप **मैं** पाएं उसका मतलब **हम** ही है, हमने मैं शब्द का प्रयोग इसीलिए किया है कि हम एक इकाई हैं।

क्या हम आपका आभार प्रदर्शित करें ?

शायद किताब लिखने से कहीं ज्यादा कठिन कार्य यह लिखना था कि आभार किस तरह से कहा जाए?

हम दोनों के जीवन में सैकड़ों व्यक्ति, घटनाएँ और चीजें आईं जिसने इस पुस्तक में परोक्ष तथा अपरोक्ष रूप से अपनी भूमिका निभाई।

यह लिखना ज्यादा कठिन इसलिए भी रहा कि यह आभार प्रदर्शन **गैट सैट गो...** के अनुवाद की तरह अनुवाद नहीं किया गया बल्कि फिर से लिखा गया।

सबसे पहले हम आभारी है हमारे मध्यवर्गीय बचपन के जिसमें हमारे सीमित संसाधनों वाले माता-पिता ने हमें खूब सारे स्वप्न दिये।

हम हमारे उन तमाम मित्रों के आभारी हैं जिन्हें हमारे स्वप्नों पर विश्वास था तब से जब हमारे प्रथम स्वप्न **स्वैश** ने आकार लिया था। **स्वैश** व्यक्तित्व विकास के प्रशिक्षण का हमारा संस्थान **स्वैश** के तमाम प्रतिभागियों का हृदय से धन्यवाद जो हमारे प्रशिक्षण को अपने नजरियों तथा व्यवहार में ढाल सके।

यह आभार हम किसी खास क्रम में नहीं लिख रहे हैं। अगर यह सिर्फ स्वाति द्वारा अकेले लिखा गया होता ऐसा तो निश्चित तौर पर यह क्रम में होता। पर चूँकि यह सिर्फ मेरे (शैलेश) द्वारा लिखा जा रहा है, अतः कुछ न कुछ, कहीं ना कहीं क्रम इधर-उधर होना स्वाभाविक है।

जब मैं अपने तमाम मित्रों के बारे में सोचता हूँ जिन्हें हम धन्यवाद करना चाहते हैं - मित्र जो हर क्षेत्र से हैं, राजनीति, प्रशासन, औद्योगिक क्षेत्र, असल

में हर वह व्यक्ति जो हमारे सम्पर्क में आया और जिन्हें हम पर विश्वास था, धन्यवाद के पात्र हैं, लेकिन उनमें से भी कुछ विशेष हैं।

पूर्व लोकसभा अध्यक्ष श्री बलराम जाखड़ साहब जो सदैव प्रेरणादायी रहे हैं, हम उनके आशीर्वाद हेतु कृतज्ञ हैं।

राजनीति से तमाम मित्र जो व्यस्त होने के बावजूद स्वैश के बारे में जानने का समय निकालते रहे, खासतौर पर मध्यप्रदेश सरकार में वरिष्ठ मंत्री श्री नरेन्द्र नाहटा।

विशेष धन्यवाद श्री हेमंत गेरा, आई.ए.एस. (जिसे मैं सिर्फ हेमंत कहता हूँ) जो स्वैश के सच्चे मित्रों में से एक हैं।

हमारे पाठ्यक्रम में विश्वास जताने हेतु हार्डिंग विश्वविद्यालय के डॉ. रैण्डल एम. मैक्लोयड (पू.डीन, स्कूल ऑफ बिजनेस) तथा डॉ. ब्रायन ब्रक्स (वर्तमान डीन) का विशेष आभार।

श्री जगदीश शर्मा (पानीपत) जो सदैव मित्रवत् रहे हैं का विशेष धन्यवाद।

मेरे विदेश के कार्यक्रमों के सभी आयोजक व प्रमोटर्स, जो अन्ततः नजदीकी दोस्त बन गए।

श्रीमति सम्पूर्णा जैन (लौंग आइलैण्ड) जिन्होंने सर्वप्रथम मुझमें विश्वास जताया। धन्यवाद मौसी।

सुनील-सरिता शाह (न्यूयॉर्क), खूबसूरत युगल या मेरे परिवार का ही एक हिस्सा। धन्यवाद सुनील।

प्रभा-अरविन्द भंडारी (न्यूयॉर्क), अद्‌भुत जोड़ी। बहुत बहुत धन्यवाद।

श्री के.के. मेहता (सी.पी.ए.), श्री नवीन शाह (डी.डी.के. एण्ड कम्पनी, मैनहट्‌टन), राजश्री भाभी, मीनू-राकेश भार्गव (न्यूयॉर्क), जिन्होंने दिल खोल कर उत्साहवर्धन किया।

ह्यूस्टन में सुषमा और विजय पलोड़ जो सच्चे शुभेच्छु रहे हैं।

शिकागो के तमाम मित्र भी खास धन्यवाद के पात्र हैं, खासतौर पर डॉ. उमा-द्वारका तापड़िया, मेरे कार्यक्रमों के उत्साही आयोजक उषा-सुनील राठी, गुलशन-सुरेश खट्टर। धन्यवाद दोस्तो।

हालाँकि राजेश यादव आई.ए.एस. व मालिनी अग्रवाल आई.पी.एस. हैं, लेकिन सर्वप्रथम सच्चे मित्र हैं। धन्यवाद।

प्रशासनिक क्षेत्र के तमाम मित्र हमारे प्रशिक्षण जीवन की महत्वपूर्ण कड़ियाँ हैं। विशेष तौर पर डॉ. भूपेन्द्र सिंह (आई.पी.एस.), श्री संजय अग्रवाल आई.पी.एस., श्री रा.ना. अरविन्द (आई.ए.एस.), श्री एस सैंगाथीर (आई.पी.एस.), श्री रामपाल शर्मा, सभी का धन्यवाद।

हमारे दोस्त तथा स्वरा के सर्वजीत मामा का विशेष धन्यवाद। जिसको परेशान करना हम अपना अधिकार समझते हैं।

क्षेमंकर पाटनी के श्रम तथा राजकुमार पटेल के चित्रों के बिना पुस्तक सम्भव नहीं थी। विशेष धन्यवाद।

श्री प्रशान्त कोठारी, श्री ओम गौड़, श्री दौलत सिंह चौहान, श्री विजय मेहता (इन्दौर), श्री कमल मेहता (जयपुर) व श्री अजय छजलानी (इन्दौर) जो सभी **स्वैश** के शुभेच्छु हैं, का हार्दिक आभार।

निखिलेश और धर्मेन्द्र चौहान, दोनों भाई जो स्वैश में ही प्रशिक्षित हुए तथा फिर सहायक के रूप में कार्य किया। धन्यवाद।

हम उन्हें धन्यवाद नहीं कहेंगे क्योंकि उन सब से हमें प्यार है। सुनील-शैल जैन (इन्दौर), मनीषा- सौरभ मिश्रा (मुम्बई) तथा अंजु-दीपक सुराणा (वाशिंगटन)।

हालांकि यह पुस्तक हमने हमारे माता-पिता को समर्पित की है लेकिन

उन्हें एक बार फिर विशेष धन्यवाद, हमें इस लायक बनाने के लिए।

स्वरा अपने दादा-दादी, नाना-नानी को खूब धन्यवाद देना चाहती है उसका ख्याल रखने के लिए जब उसकी मम्मी व्यस्त थी गैट सैट गो... के साथ धन्यवाद।

मम्मी^{2} व पापा^{2}।

गैट सैट गो के विमोचन के बाद

आभार उन हजारों पाठकों को जिन्होंने गैट सैट गो... को इतना प्यार दिया कि यह कई भाषाओं में अनुदित की जा रही है।

विशेष धन्यवाद श्री महेश भट्ट, श्रीमती किरण बेदी, श्री सुरेन्द्र शर्मा का जिन्होंने **गैट सैट गो...** को अपने स्नेहिल भावों के साथ पाठकों को समर्पित किया।

श्री नरेन्द्र वर्मा, जिनके उत्साह ने हमारी प्रकाशकों के बारे में बनी राय को बदल डाला। आभार।

अन्त में हम उन तमाम साथियों का हृदय से आभार प्रकट करते हैं, जिनका नाम शायद न लिखा गया हो लोकिन वह इस पुस्तक में वैसे ही समाहित हैं जैसे हमारे हृदय में।

पहले यह पढ़ें फिर आगे बढ़ें

अगला वाक्य पढ़ने के बाद अपनी आंखें बंद कर लें।

एक मिनट में जितने चेहरों के बारे में आप सोच सकते हैं उन्हें अपने मन में उतार लें।

आपको कितने चेहरे याद आए? क्या उनमें आपके माता-पिता का चेहरा था? आपके भाई-बहनों की शक्लें याद आईं। किसी रिश्तेदार का ध्यान आया?

...और हां क्या आपने खुद को आइने में देखा?

आपके पड़ोसी या आपके यार-दोस्तों की शक्लें आपकी आंखों के सामने आई होंगी। क्या किसी बड़े और सफल आदमी का चेहरा दिखाई दिया? मुझे मालूम है आपने अपनी आंखें बंद नहीं की हैं। चलिए आंखें बंद कीजिए और जितने लोगों को आप जानते हैं उनकी शक्ल याद करने की कोशिश कीजिए।

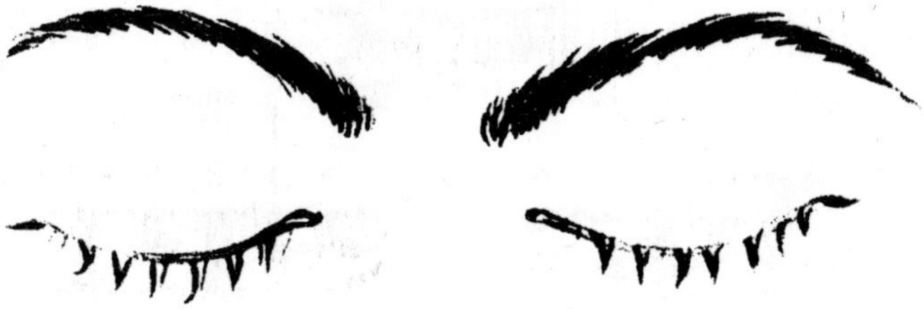

एक बार फिर अपनी आंखें बंद कर लीजिए और उन सब चेहरों को ध्यान से सोचिए।

मुझे मालूम है आपको यह सब अजीब लग रहा होगा। आप सोच रहे होंगे कि यह क्या चक्कर है?

सोचना बंद करिए, आंखें बंद करिए और अपने खुद के चेहरे पर ध्यान लगाइए।

आपने क्या देखा?

क्या कुछ भी नहीं?

या फिर आपको अपने चेहरे के कई रूप दिखाई दिए। हंसते हुए, आनंद लेते हुए, या फिर एक हंसमुख और सफल आदमी के रूप में या फिर एक अजीबो-गरीब मुसीबत में फंसे हुए इंसान के रूप में।

आपने जो कुछ भी देखा हो एक बात बहुत साफ है।

दूसरों के चरित्र के चित्र बनाना बड़ा आसान है। लेकिन खुद की तस्वीर उकेरना खासा मुश्किल।

हम दूसरों के बारे में बहुत आसानी से सोच सकते हैं, उनके बारे में राय कायम कर सकते हैं क्योंकि दूसरों पर फैसला सुनाना बहुत आसान होता है। हम उन्हें प्यार भी करते हैं और नफरत भी। ये दोनों ही काम हमें खासे पसंद हैं।

दूसरों के चरित्र के चित्र बनाना बड़ा आसान है। लेकिन खुद की तस्वीर उकेरना खासा मुश्किल।

लेकिन जब अपनी बारी आती है तो आदमी मुश्किल में फंस जाता है। आप खुद अपने बारे में फैसला नहीं कर पाते। अपने को परिभाषित करना भी बहुत ही कठिन होता है। निष्पक्ष तो बिल्कुल नहीं।

हम खिड़की से बाहर अक्सर झांकते हैं। यह हमें बहुत अच्छा लगता है लेकिन अपने मन के भीतर झांकना हम प्रायः भूल जाते हैं। हम पड़ोस के दरवाजे में ताक-झांक कर लेते हैं लेकिन अपने मन के दरवाजे को खोलना भूल जाते हैं।

हमारी आंखें हमारे भीतर नहीं देखना चाहतीं। ये बड़ा पेचीदा काम है और हम इससे बचना चाहते हैं।

रुकिए!

दूसरों के बारे में पक्षपात पूर्ण राय व्यक्त करना बंद करिए। स्वयं से और दूर मत भागिए, यह पलायनवाद बंद कीजिए।

महसूस करिए कि आप वास्तव में क्या हैं और जानिए दूसरों की वास्तविकता क्या है?

हमने अपनी वर्क शॉप में भाग ले रहे लोगों पर एक सर्वेक्षण किया। उन लोगों की उम्र 20 और 35 वर्ष के बीच थी। उन्हें अलग-अलग बंद कमरों में 2 घंटे तक रखा गया। उन कमरों में सिर्फ एक टेलीविजन था, और कुछ भी नहीं। वे कमरे वीडियो कैमरे से जुड़े हुए थे जिनमें हम उन व्यक्तियों को सोचते हुए देख सकते थे। इन 60 लोगों पर किए गए सर्वेक्षण से हमें उनलोगों के बारे में काफी कुछ जानने का मौका मिला।

(क) पहली किस्म के वे लोग थे जो सोच रहे थे कि क्या करें? कैसे वक्त गुजारें? कुछ चहलकदमी कर रहे थे और कुछ बार-बार घड़ी को देख रहे थे। उनमें से किसी ने भी खिड़की तक खोलने की कोशिश नहीं की। बाद में पूछने पर उन्होंने बताया कि वे 2 घंटे कब खत्म हों, वह इस बात का इंतजार कर रहे थे। उन्होंने यह भी नहीं सोचा कि यह सब उन पर क्यों किया जा रहा है?

(ख) कुछ ऐसे लोग थे जो बार-बार चैनल बदल रहे थे लेकिन उन्हें कोई भी प्रोग्राम पसंद नहीं आ रहा था। वे बिना किसी खास मकसद के चैनल अदल-बदल रहे थे। बाद में पूछे जाने पर उन्होंने कहा कि यह प्रयोग बड़ा ही उबाऊ था। एक ने तो यहां तक कहा कि उसने अपना वक्त फिजूल में ज़ाया किया।

(ग) तीसरी श्रेणी उन लोगों की थी जो टेलीविजन देखते-देखते सो गए। उन्होंने बाद में बताया कि उन्हें बहुत मज़ा आया। एक पेशेवर आदमी ने कहा कि मैं अपने दफ्तर में इतना व्यस्त रहता हूं कि न तो टी.वी. देख सकता हूं और न ही ढंग से सो सकता हूं। इसलिए यहां मुझे टी.वी. देखने में भी बहुत मजा आया और मैंने दो-चार झपकियां भी ले लीं। लेकिन इन लोगों की भी इस

सर्वेक्षण में कोई दिलचस्पी नहीं थी।

उनका कहना था कि इस तरह के सर्वे से कुछ हासिल नहीं होता।

(घ) *चौथी श्रेणी उन लोगों की थी जो खिड़की के पास बैठे थे और टी.वी. देख रहे थे। उन्होंने बीच-बीच में बाहर झांककर दूसरे प्रतिभागियों से बात करने की कोशिश भी की।*

पूछे जाने पर उन्होंने पहले कहा कि हम सर्वेक्षण के बारे में और ज्यादा जानना चाहते हैं। उसके बाद उन्होंने बताया कि उन्होंने अपना समय कैसे बिताया।

एक कमरे में तो हमने एक टी.वी. सेट के ऊपर जमी धूल पर एक जुमला भी लिखा देखा।

पहली श्रेणी उनलोगों की थी जो दिशाहीन हैं। वे न अपना दिमाग इस्तेमाल करते हैं न अपने दिल की बात सुनते हैं। हम इन्हें **मूलतः असफल** (Raw Failures) कह सकते हैं। ये पूरी तरह असफल हैं।

दूसरी श्रेणी में वे लोग आते हैं जिन्हें कोई भी चीज पसंद नहीं आती और वे अक्सर यह कहते दिखाई देते हैं कि उन्हें किसी बात से फर्क नहीं पड़ता। इन्हें **शाही असफल** (Sophisticated Failures) कहा जा सकता है।

तीसरी श्रेणी में वे लोग थे जो अपने को बहुत ज्यादा महत्त्व देते हैं औरों से भी यही उम्मीद करते हैं। इन्हें **स्वघोषित सफल** (Pseudo Successful) कहा जाना चाहिए। ये लोग सिर्फ खुद की निगाह में सफल हैं।

अंतिम श्रेणी उन सृजनशील लोगों की थी जो हमेशा कुछ-न-कुछ नया करना चाहते हैं और जीने के लिए नए रास्ते खोजते रहते हैं। ये असल में सफल लोग हैं। ये ही **असल में सफल** (Real Successful) लोग हैं।

एक रिक्शावाला एक चढ़ान पर अपनी गाड़ी को खींचने की कोशिश कर रहा था। चढ़ाई बहुत थी और हवा विपरीत दिशा में बह रही थी। वह हांफ रहा था, लेकिन उसकी कोशिश बरकरार थी। तभी बराबर से एक आदमी गुजरा लेकिन उस पर उसने कोई ध्यान नहीं दिया। और वह बिना कुछ कहे आगे खिसक गया। एक और आदमी पीछे से आया, उसने रिक्शेवाले की तरफ देखा, थोड़ा ठिठका फिर वह भी आगे बढ़ गया।

एक उत्साही सा व्यक्ति दौड़ता हुआ आया और बोला, 'कोशिश करते रहो तुम इस गाड़ी को जरूर ऊपर ले जाओगे।' इतना कह कर वह भी चल दिया। उसके मन में एक ऐसा भाव था जैसे कि उसने कोई अच्छा काम कर दिया हो। आखिरकार उसने रिक्शावाले को प्रोत्साहित करने की कोशिश तो की ही थी।

तभी, कहीं से दो हाथ आगे आए और उन्होंने रिक्शा को दूसरी तरफ से थामा। रिक्शा तेजी से ऊपर खिसकने लगा और अपनी मंजिल पर पहुंच गया। हाथों ने रिक्शा को छोड़ दिया और जिस दिशा से आए थे उसी दिशा में गायब हो गए।

आपने इस तरह की घटनाएं और ऐसे लोगों को कई बार देखा होगा। आगे भी थोड़ा सा ध्यान दें तो पाएंगे कि दुनिया के हर इंसान को इन चार में से किसी एक न एक श्रेणी में रखा जा सकता है।

आप किस श्रेणी में रखे जाना पसंद करेंगे?

इस किताब को पूरा करते-करते आपको अपनी श्रेणी समझ में आ जाएगी।

हमने यह किताब इन चारों श्रेणियों के लिए लिखी है ताकि आप अपनी पहचान खुद कर सकें और दूसरे लोगों को भी आसानी से समझ सकें।

यह किताब आपके हाथ में है। इसे पढ़कर आपके अंदर अनेक सकारात्मक परिवर्तन आएंगे। यदि आप इस किताब को पूरा पढ़ पाए तो जीवन जीना बहुत आसान हो जाएगा।

इसे पढ़कर आपके अंदर अनेक सकारात्मक परिवर्तन आएंगे। यदि आप इस किताब को पूरा पढ़ पाए तो जीवन जीना बहुत आसान हो

**हम सब इन्हीं
चार श्रेणियों में सीमित हैं।
जीवन के किसी न किसी
मोड़ पर किसी न किसी
वक्त हम इन चारों में से
कोई एक श्रेणी में नजर आते हैं।**

यही वक्त है जो आपके भीतर अनेक सकारात्मक परिवर्तन लाएगा और आपको सही फैसला करने में मदद करेगा।

यह किताब तीन तरीके से आपकी मदद करेगी।

1. यह आपको **आइना** दिखाएगी।

यदि आप इस किताब को देखेंगे तो आपको अपना चेहरा दिखाई देगा ठीक वैसा जैसा कि वह असल में है।

जैसे-जैसे आप इस किताब के साथ सफर करेंगे आपको अनेक स्थानों पर ऐसा लगेगा कि यह बात आपके बारे में कही जा रही है। ध्यान से पढ़िए तो कई जगह पर आपका मन कहेगा, 'अरे! यह तो मैं ही हूं।'

जैसे-जैसे आप इस किताब के अध्ययन समाप्त करते जाएंगे आप अपनी जीवन से कुछ चीजें हटाना चाहेंगे और कुछ जोड़ना।

2. यह किताब रेस्तरां में दिए जाने वाले एक **मूल्य सूची** (Menu card)की तरह आपकी मदद करेगी।

इस Menu card रूपी पुस्तक में विभिन्न व्यंज़नों की जगह विभिन्न गुणों/अवगुणों का व्यौरा है। जिस तरह कई बार रेस्तरां में हम कीमत पर नज़र डालते हुए ऑर्डर देते हैं, उसी तरह इस पुस्तक में आप गुणों/अवगुणों से जुड़ी कीमत का अंदाज भी लगा सकते हैं।

यह पुस्तक एक आइना भी है और जीवन की मूल्य सूची (Menu Card) भी।

जब आप के दाम पर एक निगाह डाल देते हैं। यह पुस्तक विभिन्न लोगों के चारित्रिक गुणों का वर्णन करेगी। यह यह भी बताएगी कि जब आप एक खास किस्म का व्यवहार करते हैं तो आपको क्या कीमत देनी पड़ती है।

आप इस मूल्य सूची को दो तरीके से पढ़ सकते हैं। पहले यह पता लगाइए कि आपके मौजूदा गुण/अवगुण कौन से हैं? इनका इस मूल्य सूची में दिए गए गुणों से मिलान कीजिए।

फिर अपने भविष्य के बारे में सोचना शुरू करिए और सफलता की आपकी अपनी परिभाषा के अनुसार सकारात्मक गुणों का ऑर्डर स्वयं को देते जाइए।

आप इस मूल्य सूची में अनेक स्थानों पर अपने व्यक्तित्व के थोड़े-थोड़े हिस्से पाएंगे। कुल मिलाकर यह खुद को पहचानने की एक यात्रा साबित होगी। हम यहां इस मेन्यू कार्ड को और अच्छी तरह समझने के लिए एक नक्शा देने जा रहे हैं।

असल में सफल व्यक्ति
(Real Successful)

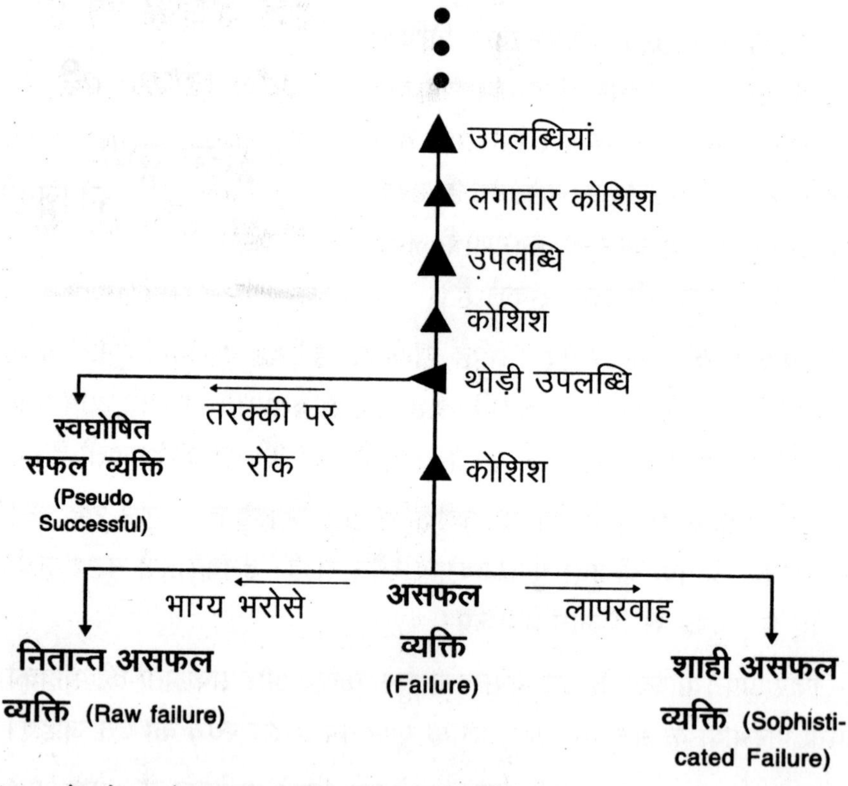

जो लोग हमेशा अपनी किस्मत पर भरोसा करते हैं वे मूलतः असफल होते हैं।

जो लोग नाम, धन और प्रशंसा की परवाह न करने का बहाना बनाते हैं वे **शाही असफल** बन जाते हैं। जो लोग कुछ देर कोशिश करते हैं, थोड़ी-बहुत सफलता भी हासिल करते हैं और यह सोचने लगते हैं कि उनकी एकमात्र सफलता ही पर्याप्त है, वे अक्सर पिछड़ जाते हैं। उनका

विकास रुक जाता है और वे **स्वघोषित सफल** बन जाते हैं। कुछ गिने-चुने ऐसे लोग होते हैं जो प्रयास और सफलता को अपनी आदत बना लेते हैं और लगातार नई मंजिलें हासिल करते रहते हैं। वे ही **असल में सफल व्यक्ति** होते हैं।

3. यह पुस्तक आपकी **आत्मा के छिद्रों** को ढूंढने के लिए प्रेरित करेगी।

दोस्तों, हममें से अधिकांश लोग चमकते हुए जूते पहनना पसंद करते हैं लेकिन हम जूतों में छिपी जुराबों के छेदों के बारे में परवाह नहीं करते जिनमें हमारा अंगूठा बार-बार घूमता रहता है।

इसी प्रकार हम अपनी आत्मा के छिद्रों के बारे में भी ज्यादा ध्यान नहीं देते। यह पुस्तक आपको आपकी आत्मा के छिद्रों को सीने में मदद करेगी।

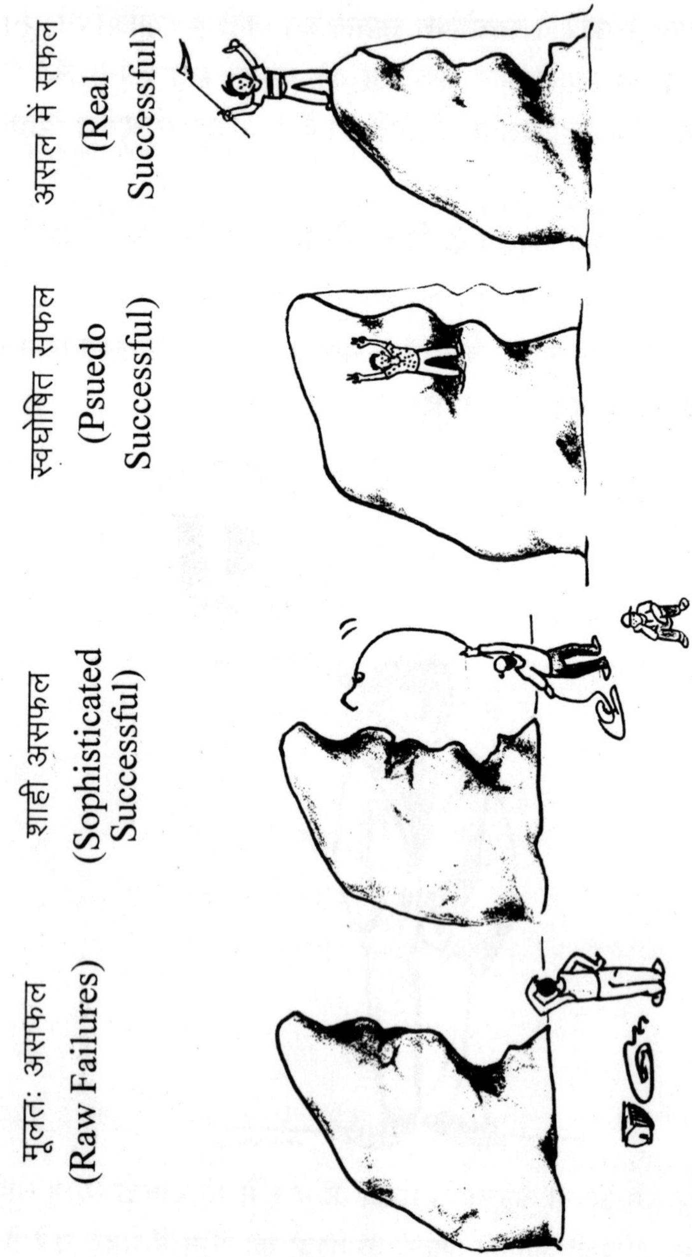
मूलतः असफल
(Raw Failures)
शाही असफल
(Sophisticated Successful)
स्वघोषित सफल
(Psuedo Successful)
असल में सफल
(Real Successful)

लोगों की चार श्रेणियां

संक्षेप में यह पुस्तक चार प्रकार के व्यक्तियों की विशेषताओं से ताल्लुक रखती हैं।

मूलतः असफल व्यक्ति	शाही असफल	स्वघोषित सफल व्यक्ति	असल में सफल व्यक्ति
वे किसी चीज की अपेक्षा नहीं करते।	वे हमेशा किसी चमत्कार की प्रतीक्षा करते हैं।	वे जो कुछ भी करते हैं उसे ही चमत्कार मानते हैं।	वे कर्मशील होते हैं लेकिन चमत्कार में यकीन नहीं करते।
वे कहते हैं, `मैं नहीं कर सकता।' `हम नहीं कर सकते।'	वे कहेंगे, `मैं करूं या न करूं इससे क्या फर्क पड़ता है।'	वे कहते हैं कि मैं तो यह किसी भी क्षण कर सकता हूं। (लेकिन वह क्षण कभी नहीं आता)	वे कहते हैं, `मैं कर सकता हूं', और वे इसे कर डालते हैं।
वे अपने आप में सिमटे रहते हैं और किसी को अपना आदर्श नहीं मानते।	वे आदर्शों के अस्तित्व को ही स्वीकार नहीं करते।	वे अपने ही को ही आदर्श मानते हैं।	वे ही असल में आदर्श हैं।
उन्हें नहीं पता कि समस्या कहां है।	वे समस्या को टालते रहते हैं।	उन्हें पता है कि समस्या कहां है लेकिन उसे स्वीकार नहीं करते।	वे हर समस्या का समाधान ढूंढ़ने की कोशिश करते हैं।

दोस्तों,

आप अलग-अलग पड़ावों पर किसी भी प्रकार से व्यवहार कर सकते हैं। कई किस्म की भूमिकाएं निभा सकते हैं।

चारों तरह के लोगों के बारे में जानने की कोशिश करिए। नकारात्मक गुणों को निकाल बाहर फेंकिए और सकारात्मक तत्त्वों को अपनाने की कोशिश करिए।

विभिन्न गुणों को उचित मात्राओं में लाकर एक नए व्यक्तित्व का निर्माण करिए। ईश्वर करे आप सफल हों। हमारी शुभकामनाएं आपके साथ हैं। इस किताब को पढ़ते रहिए।

आइए आगे बढ़ते हैं :

सूत्रधार

हालांकि हम मूलतः नकारात्मक होते हैं लेकिन हमें सकारात्मक चीजों के बारे में पढ़ना और उन्हें देखना अच्छा लगता है।

हम यथार्थ से दूर भागती फिल्मों को देखना चाहते हैं क्योंकि वे सच्चाई से दूर भागने में मदद करती हैं।

लेकिन अफसोस, यह किताब ऐसा कोई फॉर्मूला नहीं देगी। हम तो आपके नकारात्मक व्यक्तित्व से ही शुरू करना चाहेंगे।

आपने जीवन में सफलता के हजारों नुस्खे सुने होंगे।

क्या किसी ने आपको असफलता की परिभाषा सुझाई है?

पहले हम इसी के बारे में बात करेंगे। असफलता की अनेक परिभाषाएं हैं। अपने व्यक्तित्व का उनसे मिलान करिए ताकि आप उन्हें दूर कर सकें।

असफलता के अनुबंध : आखिर क्यों

(Fit for Failure)

मेरी मेज पर टेलीफोन की घंटी बजी। मेरे सचिव निखिलेश ने मुझे बताया कि एक लड़का मुझसे मिलना चाह रहा है।

एक प्रशिक्षक होने के नाते मुझसे हर रोज अनेक लोग मिलने आते हैं। छात्र, पेशेवर और तमाम श्रेणियों के लोग।

लेकिन निखिलेश ने जब मुझे उस लड़के के बारे में बताया तो मुझे लगा कि उसके व्यक्तित्व में कहीं कोई अड़चन थी। निखिलेश को वह पसंद नहीं आया था।

मैंने भी एक क्षण सोचा।

'अंदर भेज दो।' आदतन दिमाग में आते विचारों को नज़रअंदाज करते हुए मैंने कहा।

दरवाजे पर एक बहुत जोर की दस्तक हुई और फिर एक व्यक्ति ने सिर अंदर करके झांका। 'क्या मैं अंदर आ सकता हूं?' उसकी आवाज में तल्खी थी।

'आइए।'

मैं अपने माथे पर पड़े हुए बल को महसूस कर सकती थी।

मैंने कहा, 'यहां जूते पहन कर आना मना है। कृपया उन्हें उतार दीजिए।' उसके जूतों पर पॉलिश नहीं थी।

(हमारे दफ्तर में जूते पहन कर आना मना है, यहां तक कि हम स्वयं सिर्फ दफ्तर में इस्तेमाल के लिए अलग जूते रखते हैं।)

'क्या यह जरूरी है?' उसने च्विंगम चबाते हुए 'बड़ी लापरवाही से पूछा।

मैंने जोर देकर कहा 'हां'।

वह जूते उतार कर अंदर आ गया, एक कुर्सी खींची और उसमें पसर गया।

उसने मजाक उड़ाने के अंदाज में पूछा, 'आप यहां क्या पढ़ाते हैं?'

मैंने उसे समझाने की कोशिश की। 'हम पढ़ाते नहीं हैं। कार्यशालाओं के द्वारा लोगों को प्रशिक्षित करते हैं।'

'एक ही बात है।' वह कुर्सी पर और ज्यादा फैल चुका था और दफ्तर का जायजा ले रहा था। फिर बोला- 'मैंने आपके जैसे संस्थानों के बारे में काफी सुना था। आप यहां क्या पढ़ाते हैं?'

मैंने कहा, 'चलिए, पहले यह बताइए कि आपका नाम क्या है?'

उसने बताया- 'मेरा नाम कौशल है। मेरी उम्र 23 साल है। मैं कार बेचने का व्यवसाय करता हूं। रोज अनेक लोगों से मिलता हूं। शहर के बड़े-

बड़े लोगों को जानता हूं। वह अक्सर हमारे शो रूम में आते हैं।'

(वह वास्तव में पुरानी कारों की दलाली करता था। यह बात उसने मुझे बाद में बताई।)

मैंने उससे फिर पूछा, 'आप कितना पढ़े हैं?'

उसने कहा, 'मुझे इस शिक्षा व्यवस्था से ही नफरत है। मेरे अध्यापक बहुत ही पक्षपात करते थे। वे हमेशा मुझे नजरअंदाज कर देते थे। लड़के भी मुझसे जलते थे। मैंने वह स्कूल ही छोड़ दिया।'

(बाद में उसने मुझे बताया कि वह बारहवीं क्लास में दो बार फेल हो गया था।)

'आप हमारी वर्कशॉप में क्यों आना चाह रहे हैं?' मैंने जानना चाहा।

ऐसे ही, तफरीह के लिए। मेरी शामें खाली होती हैं।' उसने बिना नजरें मिलाए कहा।

वह वास्तव में कोई नया काम तलाश कर रहा था लेकिन उसे यह नहीं पता था कि वह करना क्या चाहता था।

उसने अनमने ढंग से हमारी वर्कशॉप ज्वाइन कर ली। वह हर बात की बुराई करता था और असुरक्षित महसूस करता था। लेकिन उस पर हमारा असर हुआ और वह खुलने लगा।

उसने स्वयं पर भरोसा नहीं किया,
हर चीज की आलोचना करते हुए जिया
उत्साहहीन चलता रहा
या यूं कहें कि
निरुद्देश्य भटकता रहा
स्वयं को कभी नहीं जाना
न कोशिश की जानने की
यूं ही बेहाल था
साफ़ तौर पर
वह असफलता की मिसाल था
लेकिन उसे एहसास नहीं था
और अब जब
उसने ये सत्य पहचाना
तब वह माना
'मुझे बदलना है'

मेरे कॉलेज के एक प्रोफेसर व्यापारिक प्रबंधन के उस्ताद थे। हम उनके ज्ञान का लोहा मानते थे। लेकिन वे कभी पढ़ाने नहीं आते थे। आते भी थे तो दो-चार मिनट में चले जाते थे। वह छात्रों का होम वर्क भी चेक नहीं करते थे और अक्सर टालते रहते थे।

वह थे अपने विषय के ज्ञाता!
ज्ञान, अनुभवी ज्ञानी।
लेकिन काम को टालने में सर्वोच्च।
अद्वितीय प्रतिभा आलस्य की,
इतनी अद्‌भुत ऊर्जा का धनी
उसका उपयोग ही नहीं कर पाया।

अफसोस।

वह नाकामयाब थे लेकिन ज्यादा खराब बात यह है कि उन्हें पता था कि वे नाकामयाब हैं लेकिन उन्होंने उसे बदलना ही नहीं चाहा। क्या करें?

जिस लड़के का मैंने ऊपर जिक्र किया, वह नितान्त असफल था और मेरे प्रोफेसर एक शाही असफल।

आपने सफलता की सैकड़ों परिभाषाएं पढ़ी होंगी लेकिन असफलता की किसी परिभाषा से पाला पड़ा है?

यदि सफलता का अर्थ अपने लक्ष्यों को प्राप्त करना है तो क्या असफलता का अर्थ उन्हें न पाना है?

यदि सफलता का अर्थ ढेर सारा पैसा कमाना और शोहरत हासिल करना है तो क्या असफलता का अर्थ

यदि सफलता का अर्थ ढेर सारा पैसा कमाना और शोहरत हासिल करना है तो क्या असफलता का अर्थ खाली जेब और भीड़ में खोया हुआ व्यक्तित्वहीन आदमी होना है? बिल्कुल नहीं।

खाली जेब और भीड़ में खोया हुआ व्यक्तित्वहीन आदमी होना है? बिल्कुल नहीं।

असफलता का अर्थ है अपने लक्ष्यों को प्राप्त करने की कोशिश न करना या जीवन में कोई भी लक्ष्य न रखना।

असफलता का मतलब स्वप्नों का भंग होना नहीं है उसका अर्थ है स्वप्न ही न देखना।

असफलता का अर्थ है जीने की इच्छा न रहते हुए जीते रहना। जो लोग अपने को प्यादा मानते हैं वे विवश और मूलतः असफल होते हैं। जो लोग स्वयं को आम स्थितियों से ऊपर उठाकर देखते हैं वे शाही असफल होते हैं। लेकिन ये मात्र परिभाषाएं हैं। अपने चारों ओर देखिए और पता लगाइए कि जो लोग आपके संपर्क में आते हैं वे किस श्रेणी में शामिल किए जाने के लायक हैं।

मैं एक मूर्ति (mannequin)
की तरह हूं।
मेरा वर्तमान,
भूत और भविष्य
एक जैसा है
और रहेगा।

- एक मूलतः असफल व्यक्ति
(Raw Failure)

मूलतः असफल व्यक्ति
(Raw Failure)

मेरा भूत, भविष्य और वर्तमान सब एक समान है।

– मूलतः असफल व्यक्ति

इस चरण के लोग केवल जीने के लिए जीते हैं। उनकी जिन्दगी में कोई लक्ष्य नहीं होता।

ये लोग चलते-फिरते पुतले हैं। शारीरिक रूप से हिलते-डुलते हुए लेकिन मानसिक रूप से जड़।

समय बीतता है क्योंकि यह उसका धर्म है। लेकिन ऐसे लोग समय के साथ बदलते नहीं। उनके जीवन में केवल वक्त आगे बढ़ता है। बाकी सब कुछ स्थिर रहता है। समय उन्हें आगे बढ़ाता है तो वह आगे बढ़ जाते हैं। उनकी गति को समय ही नियंत्रित करता है। इसके अतिरिक्त न कोई उत्साह, न कोई ऊर्जा, न उनकी ओर से कोई प्रयास। दूसरे शब्दों में वे चलते-फिरते पुतले हैं। यानी शारीरिक रूप से चलायमान। मानसिक रूप से स्थिर।

इनका दृष्टिकोण हमेशा निराशावादी होता है। इस निराशा को वे लोग हर संपर्क में आने वाले व्यक्ति के भीतर भर देते हैं। उन्हें यह अहसास ही नहीं होता कि वे असफलता के चलते-फरते विज्ञापन हैं।

ये दूसरों पर निर्भर रहते हैं। हर चीज जो उनके संपर्क में आती है, ये उसमें सहारा ढूंढते हैं। इनका विश्वास है कि हर चीज दूसरे पर निर्भर करती है, उन पर कुछ नहीं। वे स्वयं को कुछ भी नहीं समझते।

दोस्तों, अगर आप अपने चारों ओर देखें और भीतर भी झांके तो आप

पाएंगे कि हर असफल व्यक्ति इस परिभाषा पर पूरा उतरता है। एक बार अपने चारों ओर एंक निगाह डालिए आपको स्वयं समझ में आ जाएगा।

पता करिए क्या आपके भीतर भी कोई असफल व्यक्ति बैठा है?

अपने मन में सूची बनाइए उन लोगों की जो अक्सर आपके संपर्क में आते हैं। अपने परिवार के लोगों के अलावा आपको इस प्रकार के लोग नजर आएंगे।

(क) घर पर आपकी नौकरानी, दूधवाला, धोबी, माली और डाकिया वगैरह।

(ख) अपने काम करने के स्थान पर आप अपने साथियों से मिलते हैं। दोस्तों, अपने अधिकारियों, अधीनस्थों तथा चपरासियों वगैरह से।

(ग) आपकी मुलाकात अपने पड़ोसियों, दुकानदारों और टेलीविजन पर आनेवाले अपने चहेते पात्रों से भी होती है।

इनमें से अधिकांश लोग आपके जीवन में काफी समय से आते-जाते रहे होंगे। जरा सोचिए, इनमें से कितने लोग एक ही स्थान पर काफी लंबे अर्से से स्थिर हैं। व्यक्तिगत या सामाजिक या पेशेवर तौर पर।

ऐसे लोग हर स्थान पर पाए जाते हैं। अब आप उन्हें और ज्यादा आसानी से और कम समय में उनके चारित्रिक गुणों से पहचान पाएंगे और यदि यह

गुण/विशेषताएं आपमें मौजूद हैं तो माफ कर दीजिएगा आप भी निश्चित रूप से एक असफल व्यक्ति होंगे। ये विशेषताएं हैं-

- हमेशा आलोचना करना
- हमेशा शिकायत करना
- हमेशा सोचना `लोग क्या कहेंगे'
- हर व्यक्ति पर अविश्वास करना
- हर चीज को समस्या बना देना
- व्यर्थ बोलते रहना
- अपने प्रति दया या सहानुभूति (Self pity) का भाव रखना

क्या इनमें से कुछ गुण आप में तो नहीं?

हमेशा आलोचना करना (निन्दा परमोधर्म) (Criticising)

हम कभी न कभी दूसरे की आलोचना जरूर करते हैं लेकिन मूलतः असफल व्यक्ति हमेशा हमेशा ऐसे करते दिखाई देते हैं।

पता करिए :

क्या आपकी आलोचना जायज और सकारात्मक है?

गुलाब के साथ हमेशा कांटे होते हैं। इसी तरह हर प्राणी में दूसरे की आलोचना करने का भाव हमेशा होता है। आलोचना एक घोषणा है। यह किसी चीज, स्थिति या व्यक्ति के बारे में एक नकारात्मक अभिव्यक्ति है।

क्योंकि हर नकारात्मक चीज हमारी जिन्दगी में घुन की तरह लग जाती है इसलिए यह हमेशा प्रशंसा पर हावी रहती है।

जब हम कोई गलती करते हैं, छोटी या बड़ी, यह दूसरों को नागवार गुजरता है और वे हमारी आलोचना करने लगते हैं। भले ही उनका इससे सम्बन्ध हो या नहीं, वे आलोचना का मौका नहीं चूकते।

जब हम कोई अच्छा काम करते हैं या कोई बड़ी उपलब्धि हासिल करते हैं तो दूसरे लोग हमसे जलने लगते हैं। अपने को छोटा मानने लगते हैं। वे हमारे अंदर गलती ढूंढ़ने की जी जान से कोशिश करते हैं और फिर आलोचना करते हैं।

आलोचना को चार हिस्सों में बांटा जा सकता है-

(क) जायज (Valid) **(ख) नाजायज** (Invalid) **(ग) नकारात्मक** (Negative) **और (घ) सकारात्मक** (Positive)।

(क) **जायज** (Valid) **आलोचना** हमेशा सही होती है। समग्र पर की जाती है। सीधे साफ शब्दों में व्यक्त की जाती है और इसमें इधर-उधर की कोई बात शामिल नहीं होती है।

नाजायज आलोचना संदर्भ से हटकर होती है। इसमें लफ्फाजी होती है और ये चलती ही रहती है। यह आग की तरह फैलती है।

(ख) **नाजायज आलोचना** (Invalid) संदर्भ से हटकर होती है। इसमें लफ्फाजी होती है और ये चलती ही रहती है। यह आग की तरह फैलती है। जैसे कि कुछ लड़कों के चोरी करते पकड़े जाने पर यह कहना कि सभी किशोर नैतिक रूप से मूल्यहीन होते हैं।

(ग) **नकारात्मक आलोचना** (Negative) हमेशा कड़वी होती है। वह तकलीफ देती है। बहुत ज्यादा चुभती है। आलोचक अपने भावों को लगाम नहीं देता। वह खुद तो हल्का हो जाता है लेकिन जिसकी आलोचना की जाती है उसे भारी बना देता है।

(घ) **सकारात्मक आलोचना** (Positive) स्वस्थ होती है। इसमें दूसरों को तकलीफ नहीं होती। यह गलती तो जरूर बताती है लेकिन लोग इसका बुरा नहीं मानते।

जायज और सकारात्मक आलोचनाएं फायदा पहुंचाती हैं लेकिन ये मूलतः असफल व्यक्तियों में दिखाई नहीं देतीं।

जायज और सकारात्मक आलोचनाएं फायदा पहुंचाती हैं लेकिन ये **मूलतः असफल व्यक्तियों में दिखाई नहीं देतीं।**

मेरी वर्कशॉप में एक बार एक प्रतिभागी ने अपनी कहानी सुनाई। जब वह 8 वर्ष का था तो उसके मां-बाप में तलाक हो गया। वो 4 साल तक अपने दादा-दादी के पास रहा। वह पढ़ाई-लिखाई में बहुत अच्छा था। लेकिन उन्होंने उसे बहुत ही सुस्त, गैरजिम्मेदार और बदत्तमीज बना दिया। 13 साल की उम्र में उसे हॉस्टल भेज दिया गया। उसकी कुशाग्रता लेकिन बदमिजाजी ने उसे अलग-थलग कर दिया। उसका कोई दोस्त नहीं था। वह हर किसी से लड़ता था। अपने गुस्से को शांत करने के लिए पन्ने फाड़ा करता था।

एक रात वह अपने कमरे से बाहर निकला और बालकनी में चहलकदमी करने लगा। सीढ़ियों के पास आने पर उसका संतुलन बिगड़ गया और

वह नीचे लुढ़क गया। उसके साथ सीढ़ियों पर रखे कई गमले भी नीचे आ गिरे। रात के सन्नाटे को उसकी चीख और गमलों की आवाज ने भेद दिया। उसे चोट भी लगी।

अगले दिन :

उसके एक साथी ने कहा, 'यह लड़का ठीक नहीं है। बिल्कुल बिगड़ा हुआ है। कोई काम नहीं कर सकता। हर चीज बिगाड़ देता है। अच्छा हुआ वह गिर गया।'

उसके अध्यापक का कहना था- 'उसे मां-बाप का प्यार नहीं मिला। वह हमेशा गलत सोचता है। उसकी इसी स्थिति के कारण यह दुर्घटना घटी।'

हॉस्टल में सफाई करने वाले ने कहा- 'देखना, वह इतना गैरजिम्मेदार लड़का है कि एक दिन स्कूल को बहुत नुकसान पहुंचाएगा। अभी तो शुरुआत है।'

प्रिंसिपल बोले, 'उसकी परिस्थितियों ने उसे इस हाल तक पहुंचा दिया। लेकिन उसे अपने हालात का बहाना बनाकर गलत काम नहीं करने चाहिए। अपनी अभिव्यक्ति का माध्यम ढूंढ़ने की कोशिश करनी चाहिए।'

हर व्यक्ति ने उसकी आलोचना की। आपकी इन आलोचनाओं के बारे में क्या राय है। आइए इस पर और चर्चा करते हैं।

उसके क्लास के लड़के ने एक नाजायज और नकारात्मक आलोचना की थी। वह एक प्रकार की घोषणा थी। एक निष्कर्ष। कोई राय नहीं थी। उसके अध्यापक की आलोचना भी नाजायज थी लेकिन उसमें कुछ सकारात्मक पुट भी था। उसकी पारिवारिक टूटन टूटे हुए गमलों के लिए कतई जिम्मेदार नहीं थी।

सफाई करनेवाले की आलोचना तो ठीक थी लेकिन तरीका गलत था। उसका यह कहना तो सही था कि लड़का लापरवाह था लेकिन उसकी भविष्यवाणी जरूरत से ज्यादा कठोर थी।

प्रिंसिपल ने एक बहुत ही जायज और सकारात्मक आलोचना की। यह एक संतुलित प्रतिक्रिया थी जिसमें छात्र को जिम्मेदार तो ठहराया गया था लेकिन उसकी मानसिक स्थिति का भी ध्यान रखा गया था।

मूलतः असफल लोग नकारात्मक आलोचना करते हैं और इस कला में पारंगत होते हैं। लेकिन फिर भी उनकी आलोचना नाजायज होती हैं।

यदि किसी व्यक्ति की महज एक आदत आलोचना के काबिल है तो वे उसके पूरे व्यक्तित्व को ही नकार देते हैं।

मूलतः असफल व्यक्तियों का रवैया कड़वाहट भरा होता है।

वे हमेशा आलोचना करते दिखाई देते हैं। हर हाल में वे बुराई निकालेंगे ही। उनमें जहर भरा होता है।

मसलन एक नौजवान और उसके एक बुजुर्ग रिश्तेदार के बीच हुई इस बातचीत को पढ़िए :

नौजवान : आज मैंने एम.बी.ए. की पढ़ाई पूरी कर ली।

रिश्तेदार : वो तो ठीक है, पर समय बड़ा खराब है। पढ़े लिखे लोगों को नौकरी कौन देता है? ***(वह चाहता तो उसे बधाई दे सकता था)***

नौजवान : मुझे एक बहुराष्ट्रीय कंपनी में नौकरी मिल गई है।

आलोचक : चलो अच्छा हुआ। ऐसी कंपनियों में नौकरी मिल तो जाती है लेकिन छूट भी जाती है। ***(वह चाहता तो यह कह सकता था, 'वाह क्या बात है!')***

नौजवान : मुझे ट्रेनिंग के लिए बैंकाक भेजा जा रहा है।

आलोचक : बैंकाक? अरे वहां तो ढेरों जुएखाने हैं। बहुत बेकार जगह है। लोग वहां से चीजें खरीद कर यहां चोर बाजार में बेच देते हैं। वह कोई रहने लायक जगह है। चलो, जो हुआ अच्छा हुआ। अब अपने मां-बाप का ख्याल रखना। उन्होंने तुम्हारे भविष्य के लिए अपनी जवानी कुर्बान कर दी।

उन्हें भूल मत जाना और वहां मत रहने लगा। आजकल के लड़कों का कोई भरोसा नहीं है। बहुत ही स्वार्थी होते हैं। उनके लिए पैसा ही सब कुछ है।

(वह यह भी कह सकता था-तुम्हें अच्छा मौका मिला है। इसका भरपूर फायदा उठाना)

शायद आपने इस किस्म की बातचीत सुनी हो।

`जहां कुछ नहीं होगा
वे वहां भी ढूंढ़ेंगे गलतियां हजार
हर इन्सान में
कमियां देखने के लिए वे सदैव तैयार
सच में वह ऐसा करते कभी नहीं थकते
असल में वे किसी भी चीज से खुश हो ही नहीं सकते।'

हमेशा आलोचना मत करिए।
सर्व आलोचक मत बनिए।
(Don't be omnicritical)

हमेशा शिकायत करना (Complaining)

मूलतः असफल लोग कभी भी खुश नहीं होते। हमेशा शिकायत करना उनका सबसे बड़ा हथियार बन जाता है। हमेशा याद रखना अगर आप शिकायत करते रहेंगे तो खुद असफल हो जाएंगे।

जब हमारा दिल टूटता है

हम शिकायत ही तो करते हैं

जब हमें आपत्ति हो किसी खास चीज पर

सोचिए क्या करते हैं हम ... शिकायत

जब छोटी-छोटी चीज़ों से होते हैं हम परेशान

हमारा लहजा होता है-शिकायती

हम लोगों के जी कहां भरते हैं

हम दु:खी होकर या चिल्ला कर बस शिकायत ही तो करते हैं।

मूलतः असफल लोगों में ये रंग होते हैं।

हम अक्सर नए उद्यमियों को प्रशिक्षित करने के लिए बुलाए जाते हैं।

ऐसे एक कोर्स के आखिरी दिन मैंने लड़कों से पूछा- आपने यह कोर्स क्यों किया?

'मैं नौकरी ढूंढ़ रहा हूं। मैंने सोचा इस कोर्स के बहाने कुछ समय पास हो जाएगा।' एक इंजीनियर ने कहा।

'मैंने सोचा कि ये लोग शायद मुझे कुछ कर्जा दिलवा दें, लेकिन ऐसा कुछ नहीं हुआ'-दूसरे ने कहा।

वह कोर्स कर रही एकमात्र लड़की ने कहा-कोई सरकारी नौकरी नहीं

मिल रही थी, इसलिए मैंने सोचा मैं अपना खुद का काम शुरू करूं। लेकिन यह बड़ा पेचीदा है।

मैंने इन सब जवाबों पर सोचा तो महसूस किया कि ये सब शिकायतें थीं। निराश लोगों की प्रतिक्रियाएं।

मुझे मेघा याद आई। वह मेरे साथ मैनेजमेंट कोर्स में थी। हमारे कोर्स के खत्म होते-होते उसकी शादी हो गई और वह जल्दी ही मां बन गई। उसका पति एक विदेशी बैंक में काम करता था।

वह महत्वाकांक्षी थी लेकिन उसकी बेटी छोटी थी। उसे ऐसा कोई क्रैच नहीं मिला या नौकरानी नहीं मिली जो उसकी बेटी का ध्यान रख सके। इसलिए वह नौकरी नहीं कर सकती थी। लेकिन उसने निराश होने के बजाय एक रास्ता ढूंढ़ निकाला।

वह दोपहर को खाना बनाकर बैंक के सभी 12 लोगों को भेजने लगी और उससे इसे अच्छी- खासी आमदनी होने लगी।

`केवल पैसा ही सब कुछ नहीं होता। रोज खाने की योजना बनाना, नए स्वाद पैदा करना, छोटे-छोटे सरप्राइज देना और तारीफ पाना, ये सब भी बहुत मायने रखता है।' उसने मुझे ई-मेल किया।

उम्मीद मत रखिए,

स्वीकार करिए।

(Don't expect, accept)

मैं देख सकती थी कि एक असफल और छोटे ही सही लेकिन सफल व्यक्ति की सोच में कितना अंतर होता है। मूलतः असफल लोग हमेशा यह कहते हुए पाए जाएंगे कि यह हो भी गया तो क्या होगा?

आगे बढ़ने का राज़ है उस रास्ते पर चलना शुरू कर देना। लेकिन अक्सर लोग ऐसा नहीं करते क्योंकि वे अपने से यह पूछते रहते हैं कि अगर मुझे सफलता नहीं मिली तो...।

आगे बढ़ने का राज़ है उस रास्ते पर चलना शुरू कर देना। लेकिन अक्सर लोग ऐसा नहीं करते क्योंकि वे अपने से यह पूछते रहते हैं कि अगर मुझे सफलता नहीं मिली तो...।

मैं एक विधवा को जानती थी। उसकी उम्र यही कोई 20-25 साल होगी। वह मेरे दफ्तर में सफाई करने आती थी। एक दिन उसने मुझसे कहा वह लिख-पढ़ सकती थी। मैंने कहा, 'और पढ़ो और मैट्रिक का इम्तहान दे डालो।'

उसने कहा कि 'मैं फेल हो गई तो लोग मेरा मजाक उड़ाएंगे।'

मैंने उसे प्रेरित करने के लिए कहा-'किसी को पता नहीं चलेगा।'

वह बोली-'पता लग गया तो? मेरे बच्चे पसंद नहीं करेंगे।'

'अच्छा ऐसा करो टाइप और शॉर्ट हैंड सीख लो। रोज 2 घंटे अभ्यास करो। अपने परिवार का पेट पालने के अलावा कुछ बच भी जाएगा।' मैंने फिर समझाने की कोशिश की।

'मुझे यह कैसे पता लगेगा कि 2 घंटे कब हुए।' उसने अगली दलील दी।

'वह टाइप सिखानेवाला बता देगा। मैं तुम्हें एक घड़ी भी दे दूंगी।' मैंने एक और रास्ता सुझाया।

मैं उसके संदेहों को समाप्त करने की कोशिश कर रही थी लेकिन उस पर कोई असर नहीं हो रहा था। वह बोली- 'मुझे तो वक्त देखना भी नहीं आता।'

मैंने भी चिढ़ कर कहा- 'अरे भाई, सिखा दूंगी।'

वह अगले दिन नहीं आई। मैंने उसे अनेक रास्ते सुझाए थे। वह चाहती तो बेहतर जिन्दगी बिता सकती थी। लेकिन उसे हर चीज में कोई न कोई परेशानी महसूस हो रही थी। उसने शुरुआत की ही नहीं। वह नौकरी छोड़ गई क्योंकि उसे सिर्फ मीन-मेख निकालना आता था।

ऐसे लोग आलसी और नाकारा होते हैं। वे छोटी-छोटी चीजों पर शिकायत करते हैं। बेमतलब के मुद्दे उठाते हैं और उनकी जिन्दगी इसी तरह तमाम हो जाती है।

मूलतः असफल लोगों के मनपसंद वाक्य होते हैं-

"आप ऐसे माहौल में कर भी क्या सकते हैं?"

"लोग हमेशा मेरा फायदा उठाने की कोशिश करते हैं।"

"मैंने भरपूर कोशिश की लेकिन किस्मत ने मेरा साथ नहीं दिया।"

"मैं क्या करूं, मेरी मां बीमार हो गई थी।"

"आजकल आप किस पर भरोसा कर सकते हैं? आजकल कोई भरोसे के काबिल ही नहीं है।"

"अगर मुझे मौका मिला होता तो आप देखते... ।"

"जमाना ही खराब है... ।"

"इस मुल्क में कुछ नहीं हो सकता... ।"

दोस्तों, अब सोचने की बारी आपकी है। कहीं ये आपके भी पसंदीदा वाक्य तो नहीं?

लोग क्या कहेंगे (LKK Syndrome)

हम सब लोग इस `लोग क्या कहेंगे' के चक्कर में पड़े रहते हैं। हमें बचपन में बड़े याद दिलाते हैं कि `लोग क्या कहेंगे।' जवानी में हमारी सामाजिक स्थिति हमें बार-बार याद दिलाती है कि **"लोग क्या कहेंगे।"** बुढ़ापे में हम सोचते हैं `हमारे बच्चे क्या कहेंगे।'

मूलतः असफल लोग हमेशा यही सोचते रहते हैं कि लोग क्या कहेंगे।

जो लोग अपना दिमाग इस्तेमाल नहीं कर सकते वो इस बीमारी के शिकार हो जाते हैं कि **"लोग क्या कहेंगे।"**

यह बीमारी उन्हें खाए जाती है। मूलतः असफल लोग हमेशा यही सोचते रहते हैं कि **"लोग क्या कहेंगे।"** उनके लिए लोग बहुत महत्व रखते हैं क्योंकि हमेशा दूसरे लोगों से यह सुनना चाहते हैं कि आप ठीक काम कर रहे हैं।

मेरी आंटी मेरे चचेरे भाई की शादी में बहुत बढ़िया नाच रही थीं। उसे ढोल, थाली पर बहुत अच्छा नाचना आता था। कुछ दिन बाद हमलोग पार्टी में गए। मैंने उनसे कहा-चलिए नाचते हैं। वह झिझकी, फिर बोली-इस 48 वर्ष की उम्र में मैं क्या नाचूंगी। ***लोग क्या कहेंगे?***

वह एक कोने में जाकर बैठ गईं और मैं सोचती रही लोग जो करना चाहते हैं वह क्यों नहीं करते।

एक प्रोफेसर की पत्नी किसी बच्चों के स्कूल में अध्यापिका बनना चाहती थीं लेकिन उनकी हिम्मत नहीं पड़ी।

उनके पति मैकेनिकल इंजीनियरिंग विभाग के अध्यक्ष थे। उन्होंने मना कर दिया। उनका कहना था लोग क्या कहेंगे?

जब कभी असफल लोग कोई फैसला लेना चाहते हैं तो वह सोचते हैं लोग क्या कहेंगे।

जब हम करते हैं नव निर्माण
या
जब हम हंसते हैं खूब दिल खोलकर
जब मन कहता है आज खूब मखौल कर
जब हम कनखियों से देख इतराते हैं
या कभी आंसू ही छिपाने की कोशिश करते हैं
जब हम खिलखिलाते हैं
किसी मुकाम पर
खास पर या यूं ही आम पर
एक ही सवाल नजरों के आगे रहता है
शायद मन खुद से यही कहता है
लोग क्या कहेंगे?

यदि हम **प्रतिबिम्ब अवधारणा** (Mirror Image Formula) को समझें तो भूल जाएंगे कि लोग क्या कहेंगे।

एक राजा अपने महामंत्री की अक्ल को जांचना चाहता था। उसने मुर्गों को लड़ाने का फैसला किया और अपने महामंत्री को आदेश दिया कि मैं तुम्हें एक नया मुर्गा दे रहा हूं। उसे अकेले रखकर लड़ना सिखाओ और एक हफ्ते बाद उसका शाही मुर्गे से मुकाबला होगा।

राजा शाही मुर्गे की सफलता के बारे में पूरी तरह से आश्वस्त था। मुकाबले का दिन आ पहुंचा। महामंत्री अपना मुर्गा लेकर दाखिल हुआ और युद्ध शुरू हुआ। नया मुर्गा जीत गया। राजा को बड़ा आश्चर्य हुआ।

'महामंत्री जी, आपने उसे कैसे सिखाया?' राजा ने पूछा।

'हुजूर', महामंत्री बोला- 'मैं उसे हर रोज शीशे के सामने खड़ा कर देता था और वह अपनी छाया से लड़ते-लड़ते सीख गया।'

जब क्लास में नया अध्यापक आता है तो बड़ा चौकन्ना रहता है। छात्र भी उसे बड़े ध्यान से देखते हैं। अध्यापक सोचता है लड़के मेरे बारे में क्या सोचेंगे और हर लड़का भी यही सोचता है कि अध्यापक मेरे बारे में क्या सोचोंगे।

कभी मत सोचिए
लोग क्या कहेंगे।
हमेशा सोचिए
आप क्या करेंगे।

जब आप दूसरे व्यक्ति के राय के बारे में सोचते हैं तभी वो यह सोच रहा होता है कि आप उसके बारे में क्या राय रखते हैं। इसलिए इस बात की परवाह करने की क्या जरूरत है कि लोग क्या कहेंगे।

एक बार कॉलेज में मैंने अपने दोस्तों के साथ एक खेल खेला। मान लीजिए इनके नाम थे निशा, उषा, रीमा। मैंने निशा से कहा- 'निशा, मैं तुम्हें पसंद नहीं करती। अब तुम मुझे अच्छी नहीं लगती।'

उसने मेरी तरफ देखा और चिढ़ कर बोली- 'तुम भी मुझे पसंद नहीं।'

मैं उषा से मिली और उससे भी वही बात कही।

वह थोड़ी चिंतित दिखाई दी और बोली, 'क्यों क्या हुआ? क्या मैंने कोई गलती की है?'

यही सवाल मैंने रीमा से दोहराया। रीमा को कोई फर्क नहीं पड़ा और बोली- 'तुम्हारी तुम जानो। मुझे तो तुम बहुत अच्छी लगती हो।'

अक्सर लोग निशा की तरह सोचते हैं, बदले का बदला। कुछ लोग उषा की तरह सोचते हैं, हमेशा दूसरे का मुंह ताकते रहो। वे हर किसी को खुश देखना चाहते हैं। ऐसे लोग संवेदनशील होते हैं। कुछ लोग, केवल कुछ लोग ही रीमा की तरह होते हैं। उन्हें इस बात से कोई फर्क नहीं पड़ता कि लोग क्या कहेंगे। वह अपने पर भरोसा रखते हैं और उसी में खुश रहते हैं।

भाषण देते समय लोग अक्सर सोचते हैं कि लोग क्या कहेंगे। बोलने से पहले, बोलते समय और बाद में भी वह यही सोचते रहते हैं लोग उनके बारे में क्या सोचेंगे।

हवाई जहाज में पहली बार सफर करते समय यात्री हमेशा इस बात के प्रति चौकन्ना रहता है कि यदि कुछ गड़बड़ हो गई तो लोग क्या कहेंगे। वह न भी सोचे तो लोग अपने व्यवहार से उसे ऐसा सोचने पर मजबूर कर देते हैं।

भारत के सभी छोटे-बड़े शहरों में लोग अपनी जाति के बाहर शादी करने से पहले या फिर कोई अलग किस्म का काम करने से पहले जैसे कि दर्जी का काम या लड़कियों द्वारा टैक्सी चलाने से पहले जरूर सोचेंगे कि लोग क्या कहेंगे।

मैं यह नहीं कहना चाहती कि उषा की तरह सोचना गलत है। संवेदनशील होना अच्छा है लेकिन यदि आप सही हैं और सिद्धान्ततः ठीक हैं तो लोगों की बहुत ज्यादा परवाह नहीं करनी चाहिए।

दोस्तों, थोड़ी दिमागी पड़ताल हो जाए।

अपने आप से पूछिए

लेकिन जवाब ईमानदारी से दीजिएगा

1. **क्या मैं आलोचना करता/करती हूं? यदि हां, तो किसकी, कब और कैसे?**

....

....

....

....

2. **क्या मैं शिकायत करता/करती हूं? यदि हां, तो कब और कैसे?**

....

....

....

....

3. **किन हालात में मैं सोचता/सोचती हूं कि लोग क्या कहेंगे?**

....

....

....

....

अविश्वास : एक आशंकित व्यक्तित्व
(No Trust : An Apprehensive Analyst)

जैसा कि पहले ही कह चुके हैं मूलत: असफल लोग पुतलों की तरह होते हैं जो कि बेमानी जिन्दगी जीते रहते हैं। वे किसी पर भरोसा नहीं करते। वे हर किसी पर शक करते हैं। वे हर चीज में बुराई ढूंढ़ते हैं। इसीलिए शायद वह विधवा नौकरी छोड़ कर चली गई जिसकी मैंने मदद करने की कोशिश की थी।

यदि कोई आदमी उनसे कड़वी बात कहता है तो उसकी आलोचना करते हैं।
यदि कोई उन्हें नजरअंदाज कर देता है तो वे शिकायत करते हैं।
यदि उनसे कोई अच्छा व्यवहार करता है तो भी वे आशंकित हो जाते हैं।

ऐसे लोग सोचते हैं कि दुनिया बुरे लोगों से भरी हुई है। हर आदमी गलत है और उसकी नीयत खराब है।

अनेक दफा वे दिखाते तो नहीं लेकिन उनके अंदर चेतावनी की घंटी बजती रहती है कि `कहीं न कहीं गड़बड़ तो जरूर है।'

उनके अंदर किसी भी सही चीज को पचाने का माद्दा ही नहीं होता।

अनेक दफा वे दिखाते तो नहीं लेकिन उनके अंदर चेतावनी की घंटी बजती रहती है कि 'कहीं न कहीं गड़बड़ तो जरूर है।'

उन्हें यह बात कभी हजम नहीं होती कि कोई आदमी उनकी मदद करने की कोशिश कर रहा है। क्योंकि वे सही और गलत का फैसला नहीं कर पाते। वे इस बात में भेद ही नहीं कर सकते कि सही कौन है और गलत कौन है?

इस चारित्रिक विशेषता की समस्या यह है कि यह सारे वातावरण में फैली हुई है। ऐसे लोग अपने चारों तरफ एक ऐसा माहौल बना लेते हैं जो अविश्वास से भरा होता है। यह दूसरे लोगों को भी प्रभावित करती है और जल्दी ही हर आदमी हर किसी पर शक करने लगा है। इसे आप `शक करने की बीमारी' कह सकते हैं, जहां हर इरादे पर संदेह किया जाता है।

अपने आप से पूछिए : क्या मैं लोगों की नीयत पर शक करता हूं?

कभी नहीं ☐ **कभी-कभी** ☐ **अक्सर** ☐ **हमेशा** ☐

समस्या स्तूप (Problem Pyramid)

सफल व्यक्तियों के लिए हर समस्या
समाधान ढूंढ़ने का एक मौका है।
और असफल व्यक्ति के लिए हर मौका एक समस्या है।

मूलत: असफल लोग (Raw Failure) अपनी समस्याओं को बढ़ा-चढ़ा कर बताते हैं।

बहुत सारे लोग अक्सर अपनी बात ऐसे शुरू करते हैं-

`मैंने बहुत संघर्ष किया है। भगवान न करे ऐसा दुर्भाग्य किसी और के जीवन में आए।'

`मैंने इतना संघर्ष किया है कि लोगों का असली रूप देख लिया है।' (खासकर अपने दोस्तों और रिश्तेदारों का)

मैंने इतने भयंकर अनुभव किए हैं कि आप सोच भी नहीं सकते, मैंने दुनिया देखी है।

क्या आपने कभी किरण बेदी, विश्वनाथन आनन्द, नेल्सन मंडेला या आन सान शू जैसे लोगों से कभी इस प्रकार के शब्द सुने हैं। सवाल ही पैदा नहीं होता।

अपने शब्द कोष में से समस्या शब्द को निकाल कर उसके स्थान पर उपहार लिख लीजिए। जब कभी आप यह कहना चाहें कि मुझे एक परेशानी है तो उसके बदले में कहिए एक तोहफा मिला है।

सवाल पैदा होता है कि मूलत: असफल व्यक्ति बात का बतंगड़ क्यों बनाते हैं। वे ऐसा इसलिए करते हैं-

(1) **क्योंकि उनमें जानकारी का अभाव होता है** (They lack awareness)।

(2) **वे सहानुभूति तलाश करते रहते हैं** (They seek sympathy)।

(3) वे लोगों की स्वीकृति माँगते रहते हैं (They seek approval)
(4) उनमें उत्साह नहीं होता (They lack enthusiasm)।

आइए, इन्हें विस्तार से परखें।

1. जानकारी का अभाव (They lack awareness)

जो मैंने न देखा न सुना और न पढ़ा, मैं उसे नहीं जानता।

जो मैं नहीं जानता, उसका अस्तित्व ही नहीं है।

जब मैं 6-7 वर्ष की थी, मुझे एक ब्रश और रंग मिला। मैं हर कागज पर चित्रकारी करने लगी। एक बार मैंने एक सफेद कागज लिया और उस पर हरे रंग से चित्रकारी की काली लाइनें बीचों-बीच और कुछ छोटी लाइनें चारों तरफ बना दी। यह एक पत्ता नजर आ रहा था। मैंने उसे एक गाय को सामने रख दिया। गाय उसे फौरन खा गई। मुझे बहुत ही खुश हुई। मेरे छोटे से दिमाग ने सोचा कि गाय ने उस कागज को असली पत्ता समझा और इसलिए वह उसे खा गई। मैं अपनी चित्रकला पर बहुत ही गर्व महसूस कर रही थी। मैंने सबको बताया कि गाय ने पत्ते की ड्राइंग खाई। वह बिल्कुल असली लग रहा था इसलिए वह उसे खा गई।

किसी ने मुझसे कुछ नहीं कहा। वे सब मेरी खुशी में शामिल थे और उनके चेहरे पर अचंभा भी था।

उस दिन मेरे आत्मविश्वास को बहुत ठेस लगी जिस दिन मुझे पता लगा कि गाय कागज भी खाती है।

हमारा सत्य वह है जिसे हम जानते हैं। भले ही असल में सत्य हो या न हो। असफल लोग अपनी समस्याओं को इसलिए बढ़ा-चढ़ा कर पेश करते हैं क्योंकि उन्हें दूसरों की समस्याओं के बारे में पता नहीं होता है। वे

सिर्फ अपने बारे में सोचते हैं और वही उनका पूरा संसार होता है। कुएं के मेढ़क की तरह। मेढ़क को भी यह नहीं पता होता कि कुएं के बाहर नदियां और समुद्र भी हैं। इसलिए उसे कुएं से बड़ी समस्याओं के बारे में कभी कोई अहसास नहीं होता।

हमारा सत्य वह है जिसे हम जानते हैं। भले ही असल में सत्य हो या न हो।

2. जो चाहें सहानुभूति (Sympathy Seekers)

जैसा कि सौ बार बोला गया एक झूठ सच लगने लगता है उसी तरह असफल लोग शिकायत कर-करके सहानुभूति अर्जित करते रहते हैं।

ऐसे लोग अपने जीवन की दुर्घटनाओं के बारे में लगातार बात करते रहते हैं। उनके करीबी लोग उन पर फौरन यकीन कर लेते हैं। वे अपनी समस्याओं को पोषित करते रहते हैं और कभी अच्छी चीजों के बारे में बात नहीं करते। वे एक ऐसा आभास फैलाते रहते हैं कि चीजें इतनी ज्यादा कठिन हैं कि कुछ करने की उनकी हिम्मत नहीं होती। वे कभी नहीं समझ पाते कि, चीजें इसलिए कठिन दिखाई देती है क्योंकि उन्होंने हिम्मत नहीं की। जैसा कि सौ बार बोला गया एक झूठ सच लगने लगता है उसी तरह असफल लोग शिकायत कर-करके सहानुभूति अर्जित करते रहते हैं।

मेरे चचेरे भाई की शादी थी। शादी से पांच दिन पहले हम अपने चाचा के घर गए और पूछा - 'बताइए हम क्या कर सकते हैं?'

भीतर हमारी चाची कागज पर कुछ लिख रही थीं। हमने उन्हें प्रणाम किया।

उन्होंने हमारी तरफ देखा- 'आओ, बैठो।' हे भगवान। वे कांपने लगी थीं।

'क्या हुआ?' मैंने पूछा।

'कमर में दर्द, ब्लड प्रेशर भी है। इतना काम पड़ा है। कौन करेगा? ओह! इतना दर्द हो रहा है।' वह कराह रही थीं।

मैंने पूछा- 'आपने कोई दवा ली?'

'अरे मेरी तो हमेशा ऐसी हालत रहती है। मेरी दवा-दारू कौन करेगा? कोई और होता तो बिस्तर से उठ ही नहीं पाता और यहां सारा काम मेरे

सिर पर आ पड़ा है।' उनकी आवाज में बेहद उदासी थी।

मेरी समझ में नहीं आया कि मैं क्या कहूं।

हम वहां कुछ देर बैठे रहे।

उन्होंने हमारे लिए चाय मंगवाई। हमने चाय पी और वहां से भाग लिए।

आप शायद मेरी चाची से कोई सहानुभूति दिखाना चाहें लेकिन क्या आप हमारे बारे में नहीं सोचेंगे जिन्होंने इतनी देर तक उनकी आह और ऊह सुनी। खराब और उदास चीजों के बारे में हमेशा बातें करना कभी भी किसी को महान नहीं बनाता।

खराब और उदास चीजों के बारे में हमेशा बातें करना कभी भी किसी को महान नहीं बनाता।

सहानुभूति व्यक्त करना सीखिए लेकिन कृपया उसे मांगिए मत।

3. स्वीकृति की मोहर लगवाने वाले
(Approval Seekers)

एक शेर अपने मांद से बाहर आया और जंगल में टहलने लगा। उसे रास्ते में एक खरगोश मिला। उसने पूछा- 'जंगल का राजा कौन है?'

'और कौन महाराज! आप ही, आप ही तो हैं।'

खरगोश ने हाथ जोड़कर कहा।

शेर अपने पांव हवा में लहराते हुए आगे बढ़ गया।

एक भेड़िया दौड़ता दिखाई दिया। उसने शेर को देखा और प्रणाम किया।

असफल लोग बार-बार जिन्दगी के मुश्किल होने का जिक्र करते हैं ताकि लोग उन्हें संघर्षशील मानने लगें।

शेर ने भेड़िये से पूछा- 'जंगल का राजा कौन?'

'श्रीमान् जी, आप ही तो राजा हैं। आपकी ताकत का मुकाबला कौन कर सकता है।'

शेर बहुत प्रसन्न हुआ। उसकी आंखों में चमक थी और पैरों में तूफान की तेजी। वह फिर आगे बढ़ गया।

दूर से हाथी दिखाई दिया। शेर ने फिर वही सवाल किया। हाथी ने शेर को अपनी सूंढ़ में लपेटा और दूर फेंक दिया। शेर हाल-बेहाल हो गया।

'अगर आपको यह नहीं पता है कि राजा कौन है तो ना बताइए। इसमें नाराज होने की क्या बात है।' उसने खिसियाते हुए हाथी से कहा।

असफल लोग बार-बार जिन्दगी के मुश्किल होने का जिक्र करते हैं ताकि लोग उन्हें संघर्षशील मानने लगें। जिनके जीवन में अनेक कठिनाइयां आईं लेकिन वे उन सबके बावजूद किसी तरह अपनी गुजर करते रहे।

4. निरुत्साहित (They lack enthusiasm)

उत्साह जीवन को प्रकाशित करता है।

असफल लोगों के भीतर कोई आग (fire)नहीं होती। केवल शिकायत भरे शब्द होते हैं। उत्साह का आयु से कोई सम्बन्ध नहीं होता। इसका ताल्लुक दिमाग से है। ऐसा मस्तिष्क जो कि पूर्वाग्रहों से ग्रस्त होता है, वह बहानों से भरा होता है-शक्तिहीन, उत्साहहीन और भावनाहीन।

जितना अधिक उत्साह होगा परिणाम उतने ही अच्छे होंगे।

(Amount of enthusiasm is directly proportional to results.)

मैंने सुना था कि भगवान राम जब लंका जा रहे थे तो उनके साथियों ने समुद्र पर एक सेतु बांध दिया। जब लोग पत्थर इकट्ठे कर रहे थे तो भगवान ने एक गिलहरी को मिट्टी में लोटते हुए और फिर उसी मिट्टी को पुल पर झाड़ते हुए देखा।

बार-बार इस दृश्य को देखकर राम ने पूछा-'यह सब क्या है? यह तुम क्या कर रही हो?'

उसने कहा-'मैं इस पुल के निर्माण में अपना योगदान दे रही हूं।'

इससे भगवान बड़े अचंभित हुए।

उन्होंने पूछा-'इन कणों से क्या होगा?'

'मैं जो कुछ कर सकती हूं, वह कर रही हूं क्योंकि मैं इस महान अभियान का हिस्सा बनना चाहती हूं।'

कितनी महान भावना थी।

लफ्फाज़ (बेमानी बातों की बादशाही)
(Gobbledegook Unlimited)

उनकी नकारात्मक भावनाएं उन्हें बार-बार इतिहास में ले जाती हैं। इस तरह से चिढ़ना और बुदबुदाना उनकी आदत में शुमार हो जाता है।

असफल व्यक्ति के पास बेहद शब्द होते हैं। गुस्से, निराशा और मजबूरी से भरे हुए। वह बार-बार एक ही घटना को दोहराते हुए नहीं थकते। हमेशा गलत चीजों के बारे में बात करते हैं। जीवन के उदास और कठिन क्षणों का जिक्र करते हैं। उनकी नकारात्मक भावनाएं उन्हें बार-बार इतिहास में ले जाती हैं। इस तरह से चिढ़ना और बुदबुदाना उनकी आदत में शुमार हो जाता है। वे नए-नए श्रोता ढूंढते रहते हैं। वे सुनने वाले को पागल कर देते हैं। अक्सर सब लोग उनकी आदत से वाकिफ होते हैं। कुछ देर बाद लोग उन्हें केवल सुनने का बहाना करते हुए दिखाई पड़ते हैं क्योंकि उनसे बचना मुश्किल होता है।

स्कूल में मेरा एक अच्छा दोस्त था अशोक। वह मेरा पड़ोसी था। उसके पिता रेलवे में काम करते थे। मुझे और मेरे पूरे परिवार को अशोक के पिता शर्मा जी के बचपन का एक-एक किस्सा अच्छी तरह से याद है क्योंकि उन्होंने उसे बार-बार सुनाकर हमें थका दिया था। किस्सा कुछ इस प्रकार था-

हमारा गांव में सबसे बड़ा घर था। उसमें बादाम, अमरुद, नींबू, अनार और आम के इक्यासी पेड़ थे। हमारे घर में 11 नौकर थे। चार घर का काम करते थे और छ: सूदखोरी का। एक आदमी बाहर के काम करता था।

मेरे पिता एक बग्घी में चलते थे और हमारे घर में एक हैंड पंप भी था। हमारा घर सबसे बड़ा था। वह कई एकड़ में फैला था। तभी दुर्भाग्य ने हमें आ दबोचा। सब कुछ चला गया। हमें अपना टीक का फर्नीचर तक बेचना पड़ा। बग्घी भी बिक गई। आप सोच नहीं सकते कि हम कितने अमीर थे। हम चांदी के बर्तनों में खाना खाते थे लेकिन किस्मत की मार देखिए, ईश्वर ने सब कुछ ले लिया और मुझे यह नौकरी करनी पड़ी।

बीते कल के बारे में बोलने वाले लोग आने वाले कल के लिए कुछ नहीं करते।

हम सब लोगों ने इस कहानी को अनेक बार सुना था। हमें यह भी पता था कि अशोक के पिता सब कुछ सट्टे में हार गए थे और यह सब उन्हें विरासत में मिला था। लेकिन वे हमेशा किस्मत को दोष देते रहे।

स्वयं पर दया करना (Self pity)

जो करते हैं स्वयं का सम्मान वे होते हैं `सर्वश्रेष्ठ इन्सान'
जो स्वयं को समझते हैं, जानते हैं तो हम उन्हें
`अच्छा' मानते हैं
वे होते हैं महज सामान्य जो स्वयं को नापसंद करते हैं
और जो खुद पर दया का भाव रखते हैं
उन्हें सबसे खराब श्रेणी के इन्सान के सिवाय
क्या कहा जा सकता है?

खुद पर रोना सबसे ज्यादा खतरनाक, विनाशक और डरावना भाव है। खुद की इससे बड़ी बेइज्जती नहीं हो सकती। हमारी राय में यह भावनात्मक आत्महत्या है। खुद पर किया एक जुर्म है।

जो लोग खुद पर दया दिखाते रहते हैं वे हमेशा अपने को शिकार मानते हैं। जब उन्हें आलोचना, शिकायत और गप्पबाजी से फुर्सत मिलती है तो वे अपने पर दया दिखाने लगते हैं। वे अपने को भाग्यहीन मानते हैं। वे किसी को अपना नहीं समझते वे टी.वी. पर बनावटी संवेदनाओं से लबरेज धारावाहिक देखते हुए आंसू बहाते रहते हैं। वे अक्सर ऐसे उपन्यास पढ़ते हैं जिनमें कृत्रिम भावनाओं का अंबार होता है।

उनके चहेते वाक्य होते हैं-
"मुझे तो ईश्वर के बुलावे का इंतजार है।"
"अब और करने को बचा भी क्या है।"
"हम तो पिछले जन्म का कर्ज चुका रहे हैं।"
"मैं उस फर्नीचर की तरह हूं जिसे कोई नहीं चाहता।"
"लोग हमेशा मेरा फायदा उठाते हैं।"
"मुझे मेरे अपनों ने धोखा दिया है।"
"मैं दूसरों की मदद करता हूं लेकिन मेरी कोई मदद नहीं करता।"
"लोग अच्छाई भूल जाते हैं।"
"हे भगवान मुझे बुला लो।"

खुद से पूछिए

1. क्या मैं अपनी दु:ख भरी गाथा बार-बार दोहराता हूं? कैसे?

....

....

....

....

....

2. क्या मुझमें उत्साह की कमी है? क्यों?

....

....

....

....

....

3. कब और कैसे मैं स्वयं से सहानुभूति व्यक्त करता हूं?

....

....

....

....

....

अब ये साफ हो गया है कि ऐसा असफल व्यक्ति क्या करता है। कैसा व्यवहार करता है? लेकिन यह भी जानना जरूरी है कि वह ऐसा क्यों करता है? असफल लोग ऐसे क्यों बन जाते हैं।

उनके असफलता के कारण इस प्रकार हैं–

1. **मनःस्थिति** (Mental Conditioning)
2. **मानसिक अवरोध** (Mind Blockage)
3. **जड़ता (अड़ियलपन)** (Rigidity)

1. मनःस्थिति (Mental Conditioning)

आपने हाथी जरूर देखा होगा। आदमी उसके सामने बौना लगता है लेकिन एक छोटी सी जंजीर और एक डंडा उसे नियंत्रित करने के लिए काफी है। वह विरोध नहीं करता। रस्सी तुड़ाकर भागने की कोशिश भी नहीं करता।

क्यों? कारण साफ है। हाथी को उस समय जंजीर से बांधा जाता है जबकि वह छोटा होता है। उस समय वह अपने को छुड़ाने की बहुत कोशिश करता है। महावत का विरोध करता है। चिंघाड़ता है। लेकिन जब उसे सफलता नहीं मिलती तो वह उम्मीद छोड़ देता है और कोशिश करनी भी। वह बड़ा होने पर भी कोशिश नहीं करता। उसके दिमाग में यह सोच घर कर जाती है कि अब उसे दूसरों के अधीन रहना है, इसीलिए एक छोटी सी जंजीर उसे बांधने के लिए काफी है।

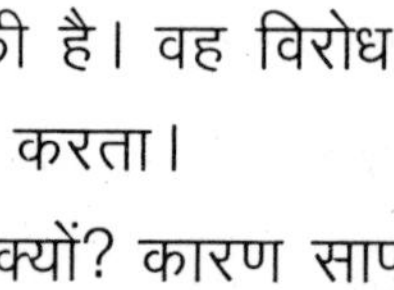

1953 तक अनेक विशेषज्ञ यह सोचते थे कि चार मिनट में 1 मील दौड़ कर पार करना असंभव है। इसलिए किसी धावक ने उससे ज्यादा दौड़ने की कोशिश नहीं की। लेकिन ब्रिटेन का रोजर बैनिस्टर इस बंधन को तोड़ना

चाहता था। 1954 में उसने .6 सेकेंड से यह रिकार्ड तोड़ दिया। उसने अपने मन की सोच को अपने इरादे से पूरा किया। अब अनेक एथलीट चार मिनट से कम में एक मील पूरा कर लेते हैं।

जो लोग जीवन को कठिन समझते हैं वे कुछ बदलने की कोशिश नहीं करते। वे नई चीजों को करने की कोशिश भी नहीं करते। वे सोचते हैं कि उनका भाग्य ही ऐसा है।

2. मानसिक अवरोध (Mind Blockage)

एक अनपढ़ व्यक्ति को घोड़े बहुत पसंद थे। उसके पास बढ़िया नस्ल के तीन घोड़े थे। एक दिन वह उन्हें अपने बेटे के साथ पड़ोस के गांव में ले गया। एक व्यापारी ने उनका अच्छा दाम लगाया। लेकिन वह उन्हें बेचना नहीं चाहता था। व्यापारी ने एक चाल खेली। घर लौटते समय अनपढ़ आदमी एक घोड़े पर सवार था। जबकि दूसरे दो घोड़ों की लगाम उसके बेटे के हाथ में थी।

उसी रास्ते से गुजरते एक आदमी ने यह दृश्य देखा और बोला- 'क्या नजारा है। एक आदमी गधे पर जा रहा है।'

'गधा', मालिक चिल्लाया, 'अबे अंधा है क्या? देखता नहीं है कितना कीमती घोड़ा है।'

थोड़ा और फासला गुजरा और रास्ते में दो बच्चे खेलते हुए दिखाई दिए। 'भैया, तुम्हारे गधे कितना बोझ लाद सकते हैं?' एक बच्चे ने पूछा।

घोड़ों का मालिक गुस्से से पागल हो चुका था। 'क्या गधे-गधे कर रहे हो? बेवकूफ लड़कों, गधे और घोड़ों में फर्क नहीं समझते। भागो यहां से।'

अब तक मालिक थोड़ा परेशान भी हो चुका था। लेकिन उसने अपना सफर जारी रखा। कुछ देर बाद वह एक छायादार पेड़ के नीचे पहुंचा तो उसे लगा कि कुछ देर आराम कर लेना चाहिए। उसका बेटा घोड़ों को घास खिलाने लगा।

एक बूढ़ा आदमी भी वहीं आराम कर रहा था। 'क्या तन्दरुस्त गधे हैं।' उसने फब्ती कसी।

घोड़ों का मालिक बौखला गया। उसके मुंह से एक शब्द नहीं निकला। वो घोड़े की सवारी जरूर कर रहा था लेकिन उसका विश्वास डगमगाने लगा था। तभी उसके कानों में एक आवाज पड़ी -'अपने गधे बेचोगे?' उसने देखा एक कुम्हार अपने बर्तन लेकर जा रहा था।

'मुझे गधों की जरूरत है और तुम्हारे जानवर तन्दरुस्त लगते हैं। अच्छे दाम दूंगा।' कुम्हार बोला।

अभी तक मालिक का आत्मविश्वास काफूर हो चुका था। उसे चक्कर आने लगे थे। उसने बिना कुछ और सोचे अपने दोनों घोड़े गधे के भाव हजार-

हजार रुपए में बेच दिए और वहां से अपने गांव की ओर भाग लिया। जाहिर था कि उस व्यापारी के कारिंदो ने एक सफल चाल खेली और वो घोड़े खरीद लिए।

हममें से अधिकांश लोग उस अनपढ़ गांव वाले की तरह अपना दिमाग नहीं रखते। जो दूसरे कहते हैं उस पर आंख मूंद कर विश्वास कर लेते हैं। हमारी तरफ से कभी यह कोशिश नहीं होती कि असल बात का पता लगाएं।

ऐसे लोग केवल एक बात जानते हैं भेड़ चाल। वे अपने बूते पर अकेले नहीं रह सकते। वे बना- बनाया रास्ता अख्तियार करते हैं। क्योंकि उनमें इतनी भी हिम्मत नहीं होती कि नए पदचिह्न तक बनाने की सोच सकें। वे जीवन में कोई खतरा नहीं उठाते।

उनका खुद का कोई नजरिया,
कोई सोच नहीं होती
वे वही विश्वास करते हैं, जो दूसरे सोचते हैं
वे जीवन में नया कुछ भी नहीं कहते
नवीन शब्द उनकी जुबान से निकलते ही नहीं
वे वही कहते हैं जो वे पहले कई बार सुन चुके होते हैं
वे स्वत: कुछ नहीं कहते हैं
वे वही करते हैं
जो उनसे कह दिया जाता है
और हां जो आसानी से हो सके।

3. जड़ता (अड़ियलपन) (Rigidity)

सफल व्यक्तियों के लिए परिवर्तन एक अवसर होता है। असफल व्यक्तियों के लिए परिवर्तन एक समझौते से ज्यादा कुछ नहीं।

अवसरों का अर्थ है विकल्प, मौका और खुशी। जबकि समझौतों का मतलब है विवशता, मजबूरी और असंतुष्टता।

कुछ दिनों पहले मैं अभय से मिली। मुझे बताया गया कि वह मेरी मां की बचपन की सहेली का बेटा था। जब उसे यह पता लगा कि मैं लोगों को प्रेरित (motivate) करने का काम करती हूं तो उसकी आंखें चमक गईं। बोला, 'मुझे आपकी मदद चाहिए।' मैंने फौरन कहा, 'बताओ, मैं तुम्हारे लिए क्या कर सकती हूं?' उसने अपनी कहानी सुनाई।

'मेरे पिता उस समय गुजर गए जब मैं आठ वर्ष का और मेरी बहन चार साल की थी। वह हाई स्कूल में अध्यापक थे। तब से मेरी मां जो खुद भी स्कूल में पढ़ाती थीं हमें अपने बलबूते पर पालने-पोसने लगीं। वे बड़ी अनुशासनप्रिय थीं। स्कूल के अलावा घर से कभी बाहर नहीं जाती थीं। घर से स्कूल और स्कूल से घर, केवल इतना भर चलती थीं। कभी नहीं हंसती थी। उनके बदन पर कभी किसी ने एक चूड़ी भी नहीं देखी। बेमतलब कभी बोलती भी नहीं थीं।'

'क्या तुम भाई-बहन से भी नहीं?' मैंने उसे बीच में टोका।

'जब हम पढ़ते थे तो सोचते थे कि शायद बिना पिता के घर ऐसा ही होता है। शायद विधवा मांओं को इसी प्रकार का व्यवहार करना चाहिए? हमारा बचपन बहुत ही अनुशासित, छोटी-छोटी मुश्किलों से भरा हुआ लेकिन बिल्कुल शांत था।

आज मैं हैदराबाद में एक कंप्यूटर कंपनी में काम करता हूं। आज मैं कह सकता हूं कि जिन्दगी को छोटी-मोटी खुशियों से भी भरा जा सकता है। अब मैं अपनी मां को उसकी खामोशी से बाहर निकालने की कोशिश करता हूं, उनकी जिन्दगी में कुछ रंग भरने का प्रयास करता हूं लेकिन उनकी चुप्पी बरकरार है।

उन्होंने देख-भाल कर एक अच्छी लड़की से मेरी शादी कर दी लेकिन क्या आप विश्वास करेंगी, मेरी शादी में वो खुद ही नहीं आईं। अब मैं चाहता हूं कि वह हैदराबाद आकर मेरे साथ रहें। लेकिन वे अपना घर छोड़ने के लिए तैयार नहीं।'

मैंने तुरन्त सोचा कि मैं अभय की कहानी और नहीं सुन सकती। कोई ऐसा जीवन कैसे व्यतीत कर सकता है। मैंने उसकी मां से मिलने का फैसला किया।

हालचाल पूछने के बाद मैं उनके करीब जाकर बैठ गई। 'आंटी, आपने कितना कठिन जीवन जिया है। अब तो थोड़ा आराम कीजिए।'

वह बोलीं, 'मैं ठीक हूं।' ऐसा कहते समय उनके चेहरे पर कोई भाव नहीं था।

'थोड़ा बहुत बाहर निकला कीजिए। कुछ दिनों के लिए अभय के पास हैदराबाद क्यों नहीं चली जातीं। दिल बहल जाएगा।' मैंने फिर कोशिश की। उन्हें मेरा सुझाव पसंद नहीं आया।

लगभग चिल्ला कर बोलीं, 'अगर मेरे भाग्य में खुशी होती तो क्या अभय के पिता इस तरह चले जाते?'

'आंटी, वो तो किस्मत का लिखा था, हमारा उस पर क्या वश। लेकिन जीवन तो समाप्त नहीं होता। क्यों? आप नहीं मानतीं।'

'जी तो रही हूं। जो कुछ मुझसे बन पड़ा मैंने अभय के लिए किया' और यह कहते हुए उन्होंने अभय की ओर देखा और सुबकने लगीं।

अभय ने शायद पहली बार अपनी आवाज को तेज किया और कहा, 'मैं आपको खुश देखना चाहता हूं। हंसते हुए, हमारे साथ जीवन का आनंद उठाते हुए।'

'मेरे भाग्य में खुशी नहीं है। अगर मैं खुश हो गई तो कोई अनहोनी हो जाएगी। इस बात को यहीं बंद कर दो। तुम क्या पियोगी चाय या कॉफी?' उन्होंने बिना किसी हाव-भाव के यह सवाल पूछा।

उन्हें न मानना था और न वो मानीं। उन्होंने यह तय कर लिया था कि वह हमेशा उदास रहेंगी। उन्होंने अपने आपको अपने भीतर कैद कर लिया था। वे एक समझदार असफल महिला थीं।

अनुभव वह नहीं जो मनुष्य के साथ घटता है। अनुभव वह है जो मनुष्य उन घटनाओं के निचोड़ से सीखता है।

दोस्तों,

हमारा उद्देश्य इन असफलताओं का जिक्र करके आपकी आंखें खोलना है।

कोई भी व्यक्ति पूरी तरह असफल नहीं होता। हम सब किसी न किसी मायने में कभी न कभी जरूर असफल रहते हैं।

कुछ लोग ताउम्र इसी स्थिति का शिकार हो जाते हैं और कुछ इससे बाहर हो जाते हैं।

जीवन अवसर प्रदान करता है।

अवसर उलझाव उत्पन्न करते हैं।

उलझाव से दुविधा उपजती है लेकिन साथ ही निष्कर्ष भी।

यदि आप दुविधाओं को चुनेंगे तो हमेशा असफल रहेंगे।

निर्णय आपका है।

आइए, सही फैसला लें।

और पाएं कामयाबी।

यहां पूर्ण विशेषताओं की सूची बनाइए जिन्हें आप अपनी असफलता मानते हैं।

....

....

....

....

....

....

....

....

....

....

यहां अपनी असफलताओं के कारण गिनाइए।

(कृपया इनमें भाग्य को शामिल न करें)

....

....

....

....

....

....

....

....

....

....

शाही असफल व्यक्तित्व : अति उत्साही ईर्ष्यालु
(Sophisticated Failures : The Zealously Jealous)

जब एक व्यक्ति यह महसूस करता है कि `मैं इस दुनिया को कुछ नहीं दे सकता' और जब एक व्यक्ति ऐसा सोचता है कि `मेरे कुछ भी करने से दुनिया को कोई फर्क नहीं पड़ेगा' तो मान लीजिए ऐसे दोनों व्यक्ति असफल कहलाएंगे। हालांकि पहला मूलत: असफल होगा और दूसरा थोड़ा उत्कृष्ट कोटि का। उत्कृष्ट कोटि के असफल व्यक्ति अपने प्रति ईमानदार नहीं होते। ये लोग लगातार खुद से झूठ बोलते हैं। आर्थिक दृष्टि से सफल होना ज्यादा आसान होता है। भले ही इसमें व्यक्ति बेईमानी का सहारा ले। लेकिन खुद से बेईमानी करना बिल्कुल असंभव होता है। हर व्यक्ति को पता होता है कि वह क्या है। उसका भविष्य कैसा है और वह अपना लक्ष्य क्यों नहीं प्राप्त कर पाता है। आइए इन लोगों के बारे में थोड़ा और पता करते हैं ताकि आप भी अपनी सही पहचान कर सकें। हो सकता है इनमें से एक आप भी हों।

उत्कृष्ट कोटि के असफल व्यक्ति अपने प्रति ईमानदार नहीं होते। ये लोग लगातार खुद से झूठ बोलते हैं।

इन शाही असफल व्यक्तियों की विशेषताएं हैं :

- बनावटी `मुझे फर्क नहीं पड़ता', अंदाज (Artificial indifference)
- वास्तविकता को नकारना (Non acceptance of reality)
- प्रतिबद्धता के बिना काम करना (Work without commitment)
- ईर्ष्या रखना (Jealousy)
- अभद्र व्यवहार करना (Rude behaviour)

• नकली नजरअंदाजी (Artificial indifference)

जब कुछ लोग मनचाही चीज हासिल नहीं कर पाते तो कहते हैं 'यह मेरे लायक नहीं है।'

एक बार एक लोमड़ी ऊंचे लगे अंगूरों को तोड़ना चाहती थी। जब नहीं तोड़ पाई तो बोली-'अंगूर खट्टे हैं।' इसे कहते हैं असल शाही असफलता।

● वास्तविकता को नकारना (Non acceptance of reality)

ऐसे लोग एक दंभी दायरा अपने चारों ओर बुन लेते हैं। वे हर काम को कुतर्क की कसौटी पर कसना जानते हैं।

एक बार मेरी एक चचेरी बहन अपनी घड़ी को उल्टी दिशा में चाभी दे रही थी। उसकी छोटी सी बेटी बोली-`मम्मी, आप गलत चाभी दे रही हैं।' वह बोली-`मुझे पता है, मैं देखना चाहती थी कि उल्टी तरफ घुमाने से क्या होगा?' जाहिर है वह अपनी बेटी के सामने अपनी मूर्खता को स्वीकार नहीं करना चाहती थी।

मेहता परिवार हमारे पड़ोस में रहता है। पिछले साल उनका बेटा निकुंज प्रि-इंजीनियरिंग परीक्षा की तैयारी कर रहा था। एक दिन सामने से गुजरते हुए मैंने उससे पूछा-`कैसी तैयारी चल रही है?'

वह बोला, `आंटी, कोई खास नहीं। इस साल तो मैं बस थोड़ा अनुभव हासिल करना चाहता हूं।' मुझे उसका जवाब थोड़ा अजीबो-गरीब लगा।

इस साल मेहता दंपत्ति ने अपने बेटे को तैयारी करवाने में कोई कसर नहीं छोड़ी। अलग कमरा दिया। स्कूटर लेकर दिया। सभी विषयों में ट्यूशन करवाई। नतीजा वही ढाक के तीन पात।

मैंने श्रीमती मेहता से पूछा, `असल में गड़बड़ कहां हो गई?'

वह बोलीं-`वह इस साल ध्यान नहीं दे पाया। तैयारी के ठीक बीच उसकी दादी गुजर गईं। फिर फैशन शो आ गया।'

अभी पत्नी की बात खत्म नहीं हुई थी कि मेहता साहब बीच में टपक पड़े और बोले-`आजकल इंजीनियरिंग का कोई स्कोप नहीं है। वह

वास्तव में कंप्यूटर साइंस करना चाहता है।'

बेटे ने हां में हां मिलाई। 'आंटी, इस साल हर रोज दोपहर को चार घंटे बिजली चली जाती थी। मैं दोपहर को तो पढ़ ही नहीं पाया।'

मैं सिर हिलाती रही। मुझे सारे बहाने एक साथ नजर आने लगे और मेरा सिर चकराने लगा। लेकिन कहानी यहीं खत्म नहीं होती।

दुनिया में ऐसे भी लोग हैं जो बहाने बनाने की खान है।

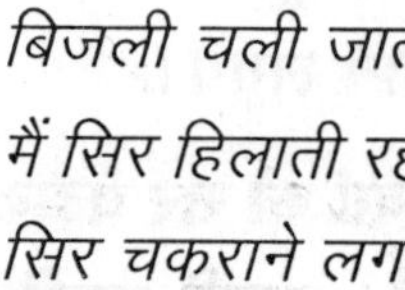

एक बार मैं एक लैक्चर के लिए दिल्ली जा रही थी। मेरे पास दो बैग थे। मैंने स्टेशन पर अपनी साथी से कहा, 'रमन, जरा एक बैग थामोगे।'

'मैडम, मुझे बहुत तकलीफ है।' और ऐसा कहते-कहते उसने अपना हाथ अपने गाल पर रख दिया।

'क्या हुआ?' मैंने पूछा।

'मेरे मुंह में छाले हैं।'

मुझे समझ में नहीं आया कि मैं हंसू या रोऊं।

मेरी राय में हममें से हर व्यक्ति हर विषय पर एक हजार बहानों की अपनी सूची तैयार कर सकता है। यहां सवाल यह पैदा होता है कि आदमी बहाने क्यों बनाता है और वह भी इतनी बेहतरीन किस्मों के, **कारण साफ है :**

1. **व्यक्ति को यह विश्वास होता है कि उसके बहाने को सच माना जा रहा है। वह उन्हें बार-बार दोहराता है, उन पर तथ्यों का मुलम्मा चढ़ाता है और उसे विश्वास हो जाता है कि लोग यकीन कर रहे हैं।**
2. **कुछ लोग ये दिखाना चाहते हैं कि वे सही थे लेकिन स्थिति गलत थी। वह दूसरों पर दोष देना चाहते हैं और अपने ऊपर कोई आंच नहीं आने देना चाहते।**
3. **ये लोग सुननेवाले का समर्थन चाहते हैं। उनकी कोशिश होती है कि लोग उनकी बात को सुनें और उस पर आंख मूंद कर भरोसा कर लें। इससे उनके बहाने वास्तव में सच लगने लगेंगे।**
4. **शाही असफल** (Sophisticated failure) **लोग स्वयं को सर चढ़ाकर रखते हैं और सबकी नजर में आना चाहते हैं। अपनी गलतियां स्वीकार करना बहुत ही कष्टप्रद काम है। इसमें से अधिकांश लोग अपने साथ बहुत रियायत बरतते हैं।**

जब मैं हारता हूं या होता हूं असफल
मैं दीवारों पर घूंसे बरसाता हूं
चीखता हूं-
हमेशा मैं ही क्यों'
जब चीज़ें मेरे मन-मुताबिक नहीं होती
जब सब कुछ धुंधला, अस्पष्ट होता है
मैं हर वस्तु, हर इन्सान को दोष देता हूं
लेकिन
जब मैं होता हूं विजेता या सफलता मुझे चूमती है
मैं बादलों पर तैरता हूं
जब चीज़ें वही होती हैं जो मन चाहता है
मैं चिल्लाता हूं
हे! मैंने कर दिखाया।'
जब सब कुछ साफ स्पष्ट होता है मैं तन कर स्वीकारता हूं,
सारी प्रशंसाएं और बधाइयां।

कितना हास्यास्पद सत्य। जब सब कुछ खराब हो, तो सारा दोष दूसरों का। जब सब कुछ ठीक-तो प्रतिभा मेरी।

हमें ऐसे वाक्य इस्तेमाल करना बहुत अच्छा लगता है–

"मैंने भरपूर प्रयास किया था लेकिन..."

"यदि स्थिति थोड़ी अच्छी होती तो..."

"इसमें मेरा कोई दोष नहीं था।"

"सितारों ने मेरा साथ नहीं दिया।"

"पूरी की पूरी व्यवस्था खराब है।"

बहानेबाजी का सबसे दु:खद हिस्सा यह है कि शाही असफल व्यक्ति न केवल दूसरों से सच छुपाते हैं बल्कि स्वयं भी उससे भागने की कोशिश करते हैं। वह सच्चाई का सामना नहीं करना चाहते। उसे स्वीकार करने से कतराते हैं। सच्चाई से उन्हें डर लगता है क्योंकि उसमें शर्मिन्दगी है और तनाव भी है।

सच्चाई से उन्हें डर लगता है क्योंकि उसमें शर्मिन्दगी है और तनाव भी है।

एक बार मेरे वर्क शॉप में भाग ले रही एक लड़की ने मुझे अपनी कहानी सुनाई। उसका नाम शैली था। उम्र 23 वर्ष। काम रिसर्च स्कॉलर।

बोली- 'जब मैं 10 वर्ष की थी तो मुझे लगने लगा कि मेरी आंखें बहुत कमजोर हैं। मेरा नम्बर 8 या 9 रहा होगा। मुझे Astigmatism (आंखों की एक प्रकार की बीमारी) था।'

डॉक्टरों ने मुझे राय दी कि आंखों से थोड़ा कम काम लो। मैं पढ़ाई-लिखाई में बहुत अच्छी थी। लेकिन अचानक सब कुछ गड़बड़ाने लगा। घरवाले भी कहने लगे इतनी मेहनत मत करो।

मैंने पढ़ना-लिखना छोड़ दिया क्योंकि डॉक्टरों की सलाह को मैंने अपना कवच बना लिया था। दूसरे भी मुझसे सहानुभूति व्यक्त करने लगे। ऐसे में छ: वर्ष बीत गए। एक दिन मुझे लगा कि मेरे भविष्य का क्या होगा? मैं क्यों अपना ही भविष्य बिगाड़ने पर तुली हूं? मैंने उसी दिन निश्चय किया कि चाहे जो कुछ भी हो मैं पढ़ूंगी। मैंने कमर कसी और आज मैं मैनेजमेन्ट में पी.एचडी. कर रही हूं।

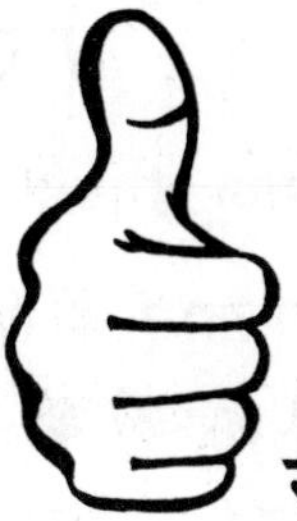

बहाने मत बनाइए। न उन्हें टालिए। स्वीकार कीजिए। सच्चाई को स्वीकारने में ही गरिमा है।

● प्रतिबद्धता के बिना कर्म
(Working without commitment)

असफलता के घने बादल कभी-कभी इतने गहराने लगते हैं कि अप्रतिबद्ध व्यक्ति स्वयं को काम से जोड़ नहीं पाते। आधे मन से किया गया काम उनके पतन का कारण बन जाता है।

मेरे भाई ने सेल्स और मार्केटिंग में डिप्लोमा किया था और वह इवेंट मैनेजमेंट में जाना चाहता था। लेकिन उसने मेहनत नहीं की और एक वकील के यहां नौकरी करने लगा। छः महीने में नौकरी छूट गई तो वह बोला- 'मैं तो वैसे ही छोड़ना चाहता था।'

अब वह एक छोटी सी इवेंट मैनेजमेंट कंपनी के साथ काम कर रहा है लेकिन हमेशा की तरह हाल-बेहाल है।

अब वह कहता है, 'जिन्दगी में मजा नहीं आ रहा। कंपनी बड़ी छोटी है।'

असल में वह अपना पूर्ण सामर्थ्य उपयोग में ही नहीं लेना चाहता।

● ईर्ष्या (Jealousy)

शाही असफल व्यक्ति कभी यह मालूम नहीं करते कि वे स्वयं अपनी असफलताओं के लिए जिम्मेदार हैं क्योंकि उन्हें अपने दुर्भाग्य पर ही भरोसा रहता है और वे हमेशा पराजय का दामन थामे रहते हैं।

वे महसूस करते हैं, वे वहीं रहेंगे जहां वे हैं क्योंकि वे अपना भाग्य नहीं बदल सकते। ऐसे लोग बहुत जल्दी ईर्ष्यालु हो जाते हैं। उनके मन में ज़हर भरा होता है और वे हर चीज को नकारात्मक ढंग से देखते हैं।

मेरी एक छात्रा बोर्ड का इम्तहान दे रही थी। वह एक शर्मीली लेकिन मेहनती लड़की थी। ठीक-ठाक नयन-नक्श और मृदु स्वभाव। कोई उस पर खास ध्यान नहीं देता था। जिस दिन नतीजा आया तो पता लगा कि उसने पूरे राज्य में तीसरा स्थान हासिल किया है। हमें आश्चर्य तो हुआ ही लेकिन खुशी भी हुई। हालांकि पूरे संस्थान में ईर्ष्या का माहौल था। उसकी क्लास की लड़कियां जो उसके साथ हमारी वर्कशॉप में भाग ले रही थीं, जली-भुनी हुई थीं।

'इन दिनों बोर्ड के नतीजों पर बिल्कुल यकीन नहीं किया जा सकता। अगर आप परीक्षक को जानते हैं तो कितने ही नम्बर ला सकते हैं। इसे जरूर कोई न कोई जानता होगा।' एक ने कहा।

'अरे इसके सेंटर पर तो खुली छूट थी। कोई भी किताबों से नकल कर सकता था।' एक ने तो यहां तक कह दिया, 'अरे इसके बाप का स्टेशनरी का कारोबार है। उसने जरूर रिश्वत खिलाई होगी। अगर मेरे पिता का भी यही काम होता तो मेरी फर्स्ट पोजीशन आती।'

इन सब लड़कियों की प्रतिक्रिया को एक वाक्य में कहा जाए तो वह होगा-**'अरे इसमें क्या बड़ी बात है।'**

उन्होंने उसकी आलोचना की। उसकी उपलब्धि को हल्का बताया। पिता तक को भला-बुरा कहा। वे उसकी सफलता को हजम नहीं कर पाईं।

ईर्ष्या शाही असफल व्यक्तियों के विवेक को समाप्त कर देती है। उनमें

हीन भावना उत्पन्न करती है। हालांकि वे इन सब अवगुणों को छिपाने की कोशिश करते हैं लेकिन बात छिपती नहीं है।

`असंतोष ईर्ष्या को जन्म देता है। तुलना उसे हवा देती है।'

'असंतोष ईर्ष्या को जन्म देता है। तुलना उसे हवा देती है।'

जब हम अपने प्रयास में असफल हो जाते हैं तो निराशा हाथ लगती है और तब हम अपनी तुलना दूसरों से करने लगते हैं। अपनी असफलता की तुलना उसकी सफलता के साथ करते हुए ईर्ष्या घर कर जाती है। अपनी असफलता को बहानों में छिपाने की कोशिश करते हैं। उनकी उपलब्धियों की आलोचना करते हैं।

क्या इन बातों को पढ़कर आपको लगा कि आप भी ऐसे हैं। याद करिए, आपने ऐसा व्यवहार आखिरी बार कब किया था।

यदि आप ईर्ष्यालु हैं तो आपको किसी और दुश्मन की जरूरत नहीं है।

जब मेरा पड़ोसी दिखा
नई कार चलाते हुए
मेरा मन बोला चिल्लाते हुए
हे ईश्वर! इसका भाग्य रूठ जाए
काश! इसकी कार का शीशा ही टूट जाए
जब मेरा दोस्त
जीतता है प्रतियोगिता में पहला पुरस्कार
दिल कहता है
काश! इसे आ जाता तेज बुखार
जब मेरा प्रतिद्वन्द्वी पाता है लोगों की बधाइयां
मेरे भीतर कोई तुरन्त कहेगा
'वक्त इसे ज़रूर सबक देगा।'
जब मेरा बॉस मेरे साथी की हाजिरजवाबी पर पीठ ठोकता है
और मैं देखता हूं उसका खुश चेहरा
जी करता है
काश! वह बिखर जाए, टुकड़ा-टुकड़ा, ज़र्रा-ज़र्रा।

आपको नहीं लगता, बहुत हो गया। इतना कटु अनुभव है यह। रुकिये, सोचिये, याद कीजिए। कहीं आपने तो ऐसा नहीं किया। कल, परसों या नरसों।

जब एक व्यक्ति दूसरे से ईर्ष्या करता है तो वह वास्तव में अपनी असहमति जता रहा होता है।

जब वह ईर्ष्या के कारण ऐसा करता है तो अनजाने यह स्वीकार कर रहा होता है कि उसने जो किया वो मैं नहीं कर पाया।

● **रुखा व्यवहार** (Rude behaviour)

अधिकतर असफल व्यक्ति रुखे होते हैं। कहीं वक्त पर नहीं पहुंचते। कभी गलती करने पर माफी नहीं मांगते। कभी किसी को धन्यवाद नहीं देते।

मैं देर से आनेवाले मेहमानों को उनकी सफलता के पैमाने पर तोलने की कोशिश करता हूं। यदि मेहमान के पास अच्छी नौकरी है और जिम्मेवारी का काम है तो वह हमेशा समय पर आएगा। जिसके पास करने के लिए कुछ नहीं होता वह हर जगह देर से पहुंचता है और कभी-कभी नहीं भी पहुंचता। हल्के किस्म का काम करने वाला अक्सर 15 मिनट से लेकर 1 घंटे तक देर से आता है।

- बैंजामिन स्टीन

अब सवाल पैदा होता है कि शाही असफल व्यक्ति उदासीन क्यों होते हैं, बहाने क्यों बनाते हैं। **ईर्ष्यालु और अभद्र व्यवहार** क्यों करते हैं?

कारण हैं-

1. **लगन का अभाव** (Lack of sincerity)
2. **नियोजन का अभाव** (Lack of planning)
3. **खतरा उठाने की क्षमता का अभाव** (Lack of risk taking capacity)
4. **टालमटोल की प्रवृत्ति** (Procrastination)
5. **गैरजिम्मेदारी** (No Responsibility)

. **लगन का अभाव** (Lack of sincerity)

हममें से कई लोग कड़ी मेहनत करते हैं लेकिन क्षणिक या कभी-कभी। कभी-कभी की गई मेहनत क्षणिक सफलता ही देती है।

मेहनत पर्याय है सतत प्रयास का
नियमितता का और फल का।

Hard work must be
Rigorous, Regular, Rewarding

परिश्रम सतत परिणादायी होना चाहिए।

परिश्रम अनवरत हो तभी परिणाम दे सकता है। अल्पविरामों वाली मेहनत परिणामहीन होती है।

शाही असफल व्यक्ति सतत नहीं होते। बहुत जल्दी रुचि खो देते हैं।

जैसा बोओगे वैसा काटोगे

लोग अक्सर मुझसे पूछते हैं कि क्या मेरे पास सफलता का कोई सूत्र है और क्या मैं दूसरों को बता सकता हूं कि अपने सपनों को साकार कैसे किया जाए। मेरा जवाब है-मेहनत कीजिए लगातार।

- वॉल्ट डिजनी

2. नियोजन का अभाव (Lack of planning)

अगर आप योजना बनाने में असफल हैं, जान लीजिए आपकी असफलता की योजना निर्माणाधीन है।

शाही असफल व्यक्ति कभी यह नहीं सीख पाते कि प्राथमिकताएं तय करना एक आधारभूत आवश्यकता है।

यदि अमिताभ बच्चन ने फिल्मी सितारा बनने की ठानी न होती तो वह इन ऊंचाइयों तक नहीं पहुंच पाता।

यदि हमने सोचा न होता तो यह किताब आपके हाथों तक न पहुंचती। लेकिन शाही असफल व्यक्ति न इच्छा रखते हैं, न ऊर्जा।

उनकी अपने प्रति भी कोई निष्ठा नहीं होती। वे अपनी वरीयता को भी गड्‌मगड्‌ड कर देते हैं। सच्चाई यह है कि सब कुछ करने के लिए कभी समय पर्याप्त नहीं होता। भले ही वे सभी चीजें महत्त्वपूर्ण हों। शाही असफल व्यक्ति कभी यह नहीं सीख पाते कि प्राथमिकताएं तय करना एक आधारभूत आवश्यकता है।

3. खतरा उठाने की क्षमता का अभाव (Lack of risk taking capacity)

जीतने के लिए हार का खतरा जरूरी है।

- जीन क्लाड कैली

खतरे का अर्थ है अनिश्चितता। इसका अर्थ है जोखिम उठाना। हो सकता है लाभ मिले। हो सकता है न मिले।

खतरा उठाते समय लाभ-हानि का वजन करना जरूरी है। यह मूर्खता भरा काम नहीं है। खतरा वह उठाते हैं जिनमें प्रतिबद्धता होती है।

अगर आप खाएँ ज्यादा आइस्क्रीम
तो खतरा है बीमार हो जाने का भी
अगर आप दौड़ें तेज
तो खतरा है ठोकर खाने का भी
अगर आप रटें ज्यादा
तो खतरा है भूल जाने का भी
भीड़ में घूमेंगे
तो खोने का खतरा है
और जिएंगे दोस्त
तो बूढ़े होने का खतरा है।

अगर हम इस तरह से देखें तो जीवन की हर सामान्य से सामान्य चीज़ में खतरा है, करो तो भी न करो तो भी, सोचो तो भी, न सोचो तो भी।

टालमटोल की प्रवृत्ति (Procrastination)

उत्कृष्ट श्रेणी के असफल (Self Pamperers) व्यक्ति समस्याओं को टालते रहते हैं। जिम्मेदारी से कतराते हैं और हमेशा खुद को पुचकारते रहते हैं। हर दिक्कत को नजरअंदाज करने की कोशिश करते हैं।

थोड़ा सा काम करते ही सोचते हैं चलो यार, थोड़ा सा आराम कर लो। बहुत मेहनत हो गई।

स्वयं को सहलाते हैं, भले ही काम कितना छोटा क्यों न हो। ऐसे लोग होते हैं स्वभाव से सुस्त या जानबूझकर सुस्त।

1. स्वभाव से सुस्त (Lazy by nature) : इन लोगों का मानना है मेहनत करके भी क्या होगा। इनके लिए रात दिन काम करना बेवकूफी होती है। ये कभी अपना कमरा साफ नहीं करते। कभी अपने जीवन को सुनियोजित

ढंग से जीने की कोशिश नहीं करते। कभी इन्हें किसी काम को करने की जल्दी नहीं होती।

2. जान-बूझकर सुस्त (Lazy by will) **:** ऐसे लोग यह सोचते हैं कि सब्जी लाना, बच्चे का ध्यान रखना या बिल जमा करना उनके स्तर का काम नहीं है। ये महत्वाकांक्षी होते हैं लेकिन अनुशासनहीन होते हैं। ये आखिरी क्षणों में काम करने में विश्वास करते हैं और वह भी उन क्षेत्रों में जो उनकी रुचि का हो। वर्ना वे अपना बोझ झटकने की कोशिश करते रहते हैं।

सुमित रात भर जागकर क्रिकेट का मैच देख सकता है फिर सुबह उठकर क्रिकेट खेलने जा सकता है। उससे भरी दोपहरी में नया बैट खरीदवा लीजिए जिसकी जरूरत उसे शायद शाम को पड़ेगी लेकिन वह कभी भी पढ़ने के लिए सुबह उठने को तैयार नहीं होगा। अगर हम दोपहर में उसे बाहर किसी काम से जाने को कहें, तो कहेगा-`बाहर बहुत धूप है। मैं बाजार तो जानेवाला नहीं हूं।'

- एक पिता के विचार

उत्कृष्ट श्रेणी के असफल व्यक्ति अक्सर `असफलता के भय' (Fear of failure)के कारण चीजों को टालते हैं। वे महसूस करते हैं अगर उन्होंने कुछ किया और काम बिगड़ गया तो...। अगर वह कुछ करेंगे ही नहीं तो कुछ बिगड़ेगा भी नहीं। लिहाजा वह जिन्दगी भर चीजों को टालते रहते हैं।

उनके प्रिय वाक्य हैं-

"यार वक्त कहां है।"

"मेरे पास इन फिजूल चीजों के लिए समय नहीं है।"

"मुझे आराम की जरूरत है।"

"आज दिन भर बहुत मारा-मारी रही।"

"यार मेरे पास बहुत काम है। बाद में देखा जाएगा।"

(वो 'बाद' कभी नहीं आता)

आप यकीन नहीं करेंगे

अमेरिका में एक टालमटोल करने वालों का टालू क्लब (Procastination club) है जिसे लेसवास ने 1956 में बनाया था। वैसे वह चीजों को टालने की कला में महारत हासिल करने की कोशिश पहले से कर रहा था। इस क्लब ने 1812 में हुई एक लड़ाई के विरोध में 1950 में एक प्रदर्शन का आयोजन किया था। इसके सदस्य एक बार जहाज में बैठकर इंगलैंड गए और वहां उन्होंने व्हाइट चैपल कारखाने से लिबर्टी बेल बनाने के लिए दिया गया पैसा वापस मांगा क्योंकि लिबर्टी बेल में दरार पड़ गई थी। घंटा बनानेवाले ने पैसा वापस देना तो स्वीकार कर लिया लेकिन घंटा जिस पैकिंग में शुरू में भेजा गया था, उसे भी वापस मांगा।

(वॉल स्ट्रीट जर्नल के दाना मिल बैंक के एक लेख से साभार उद्धृत)

दायित्वहीनता (No Responsibility)

महानता की कीमत है जिम्मेदारी।

लोगों से बातचीत करते समय मैंने अक्सर महसूस किया है कि लोग फैसले नहीं ले पाते। क्योंकि जब हम फैसला लेते हैं तो एक चीज चुनते हैं और बाकी नकार देते हैं।

आप एक ही समय पर खड़े और बैठ नहीं सकते।

निर्णय लेने का दूसरा पहलू एक और बड़ी गंभीर समस्या को जन्म देता है। यदि निर्णय मिल-जुल कर लिया जाता है तो उसकी जिम्मेदारी सबको समान रूप से लेनी होती है।

लेकिन अक्सर लोग परिणाम गलत होने पर अपनी जिम्मेदारी से मुकर जाते हैं और सारा दोष दूसरों पर मढ़ने की कोशिश करते हैं। यदि परिणाम अच्छा हो तो वे सारा श्रेय खुद हड़पना चाहते हैं।

यदि निर्णय अकेले लिया गया हो तो परिणाम कुछ भी हो जिम्मेदारी निर्णय लेने वाले की ही होती है। वह हारे या जीते, तलवार तो उसके सिर पर ही लटकी रहेगी।

इसीलिए शाही असफल व्यक्ति निर्णय लेने से घबराते हैं क्योंकि वे उसकी कीमत अदा नहीं करना चाहते।

राकेश ने पांच साल पहले एक बार हमसे मदद मांगी। वह परेशान था। उसके मां-बाप उसे इंजीनियर बनाना चाहते थे जबकि उसकी इसमें कोई दिलचस्पी नहीं थी। वह तो ललितकला (fine arts) में अपना भविष्य तलाश कर रहा था। उसके मां-बाप इसके सख्त खिलाफ थे। हमारी सलाह थी, ‘वही करो जिसे तुम जिन्दगी भर करना चाहो।

‘लेकिन मेरे मां-बाप इसके खिलाफ हैं।’ राकेश ने कहा। ‘तुम अपना फैसला खुद लो।’ ‘लेकिन अगर कहीं कोई गड़बड़ हो गई तो वे मुझे मार देंगे। मुझे दोष देंगे और हमेशा ताना कसेंगे।’ राकेश ने निराशा जताई।

वह इसके लिए तैयार नहीं था। वह इंजीनियरिंग के प्री-टेस्ट में फेल हो गया। इन दिनों वह जिला अदालत में एक छोटा-सा क्लर्क है।

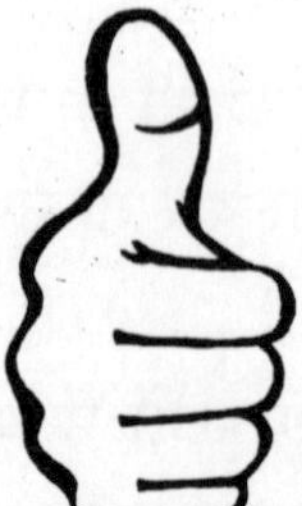

यदि आप सही वक्त पर सही फैसला लेने से चूक जाते हैं तो मौका आपके दरवाजे पर फिर कभी दस्तक नहीं देगा।

दोस्तों,

आपने अब तक असफल व्यक्तियों की चारित्रिक विशेषताओं के बारे में पढ़ा और जाना।

इस अध्याय को पढ़ने के बाद सोचिए और लिखिए कि आप क्या-क्या करना चाहेंगे और क्या नहीं करना चाहेंगे :

करूंगा/करूंगी	नहीं करूंगा/करूंगी
1.	1. ....
2.	2. ....
3.	3. ....
4.	4. ....
5.	5. ....

अपनी आंखें बंद करिए और इस अध्याय से ऐसे एक-दो वाक्य लिखिए जिन्होंने आपको सबसे ज्यादा प्रभावित किया हो।

....

....

....

....

....

....

....

....

सूत्रधार

अब तक हम मूलतः और शाही असफल व्यक्तियों के बारे में जान चुके हैं। आइए, अब स्वघोषित सफल (The Pseudo Successful) लोगों के बारे में कुछ चर्चा करें। लेकिन रुकिए! यहां एक स्पष्टीकरण जरूरी है।

शाही असफल और स्वघोषित सफल व्यक्तियों के बीच मामूली सा अंतर है। दोनों की शुरुआत एक ही तरह से हुई थी। दोनों मूलतः बेईमान होते हैं। लेकिन खुद के प्रति। दोनों नकली हैं और दूसरों को हीन भाव से देखते हैं।

लेकिन उनमें कुछ अंतर भी है।

शाही कोटि के असफल व्यक्ति अपने कमजोरियों को जानते हैं। अपनी असफलताओं के कारणों को भी। लेकिन वे उन्हें औरों से छुपाने की कोशिश करते रहते हैं। स्वघोषित सफल व्यक्ति अपनी कमजोरियों को खुद भी नकारते रहते हैं और हमेशा अपने को महानतम सिद्ध करने की कोशिश में लगे रहते हैं।

पहली श्रेणी के लोगों का सफलता के प्रति न कोई लगाव होता है और न कोई इच्छा। उन्हें दूसरों की सफलता असफलता से भी कोई असर नहीं पड़ता। जबकि दूसरी श्रेणी के लोग अपनी उपलब्धियों को बढ़ा-चढ़ा कर और दूसरों का छोटा करने का प्रयास करते रहते हैं। पहली किस्म के लोग अपनी क्षमता को जानने के बावजूद कोई प्रयास नहीं करते। दूसरी श्रेणी के लोग कोशिश तो करते हैं लेकिन बहुत जल्दी संतुष्ट हो जाते हैं।

आइए, इस तीसरी श्रेणी के बारे में कुछ और जानने का प्रयास करते हैं।

स्वघोषित सफल व्यक्ति : अनूठे अहंकारी

(Pseudo Successful People : The Proud Pretenders)

सफलता एक अनवरत यात्रा है मंजिल नहीं।

सफलता व्यक्ति द्वारा अपने लिए निर्धारित लक्ष्य की प्राप्ति है। यह किसी महत्वपूर्ण स्वप्न का साकार होना है।

लक्ष्य जीवन में मील के पत्थर की तरह होते हैं। हम एक को हासिल करते हैं तो दूसरे पर निगाह टिक जाती है। और एक दिन हम अपने अंतिम लक्ष्य यानी मृत्यु को प्राप्त कर लेते हैं।

लक्ष्य जीवन में मील के पत्थर की तरह होते हैं। हम एक को हासिल करते हैं तो दूसरे पर निगाह टिक जाती है।

कुछ लोग सफलता को एक लघु-यात्रा समझते हैं और किसी बीच के स्टेशन पर उतर जाते हैं। उन्हें उस छोटी सी यात्रा से ही बहुत बड़ी तसल्ली हासिल होती है और वे बाकी जीवन उसी स्टेशन पर बिता देते हैं।

यह छोटी सी यात्रा और इसके अनुभव उनके लंबे जीवन के लिए पर्याप्त अवसर सिद्ध होते हैं। वे बहुत जल्दी संतुष्ट हो जाते हैं क्योंकि उनके जीवन में कोई बड़ा लक्ष्य नहीं होता।

जब एक इकलौती जीत की
चर्चा होती ही रहती है लगातार
आगे जीत का परचम लहराने
के खत्म हो जाते हैं आसार
ध्यान दीजिए, आपके सामने
स्वघोषित सफल, ले रहा है आकार।

यदि आप किसी 16 साल के लड़के से पूछें कि तुम्हारे जीवन का अंतिम लक्ष्य क्या है तो उसका संभावित उत्तर होगा मैं शायद एक डॉक्टर बनना चाहता हूं, या फिर इंजीनियर, पायलट या फिर ड्रैस डिजाइनर। उससे आगे यदि आप उससे पूछें तो शायद उसके पास कोई जवाब नहीं होगा।

हम अक्सर अपने लिए तय किए गए कैरियर को अपना अंतिम लक्ष्य मान लेते हैं। लेकिन अगर 25 वर्ष की उम्र में कोई व्यक्ति अपना अंतिम लक्ष्य प्राप्त कर लेगा तो बाकी जीवन भर वह क्या करेगा?

हम अक्सर अपने लिए तय किए गए कैरियर को अपना अंतिम लक्ष्य मान लेते हैं। लेकिन अगर 25 वर्ष की उम्र में कोई व्यक्ति अपना अंतिम लक्ष्य प्राप्त कर लेगा तो बाकी जीवन भर वह क्या करेगा?

जो लोग अपनी पहली या दूसरी सफलता से ही संतुष्ट हो जाते हैं और बाकी जीवन उसी के बारे में

डींगें मारते रहते हैं और दूसरों के बारे में राय ज़ाहिर करते रहते हैं उन्हीं को हम स्वघोषित सफल व्यक्ति कहते हैं।

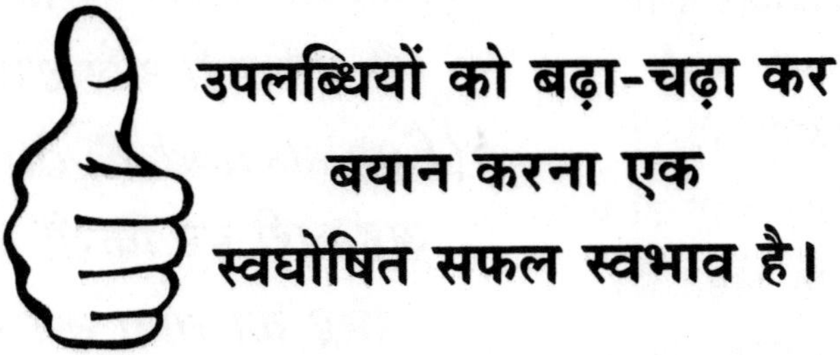

इसकी खास विशेषताएं हैं-

- शेखी बघारना (Bragging)
- प्रगति अवरोध (Stagnation)
- घटनाओं पर फैसले देना (Offering Verdicts)
- अहंकार (Arrogance)

शेखी बघारना (Bragging)

इसका अर्थ है अपनी उपलब्धियों को असीमित रूप से फैलाने की कोशिश करना।

यदि एक स्वघोषित सफल विद्यार्थी क्लास में अव्वल आ जाता है तो वह कहता है-**`मैं तो हमेशा टॉप करता रहा हूं।'**

यदि कोई स्वघोषित सफल पेशेवर व्यक्ति अपने साथियों से किसी मीटिंग में प्रशंसा प्राप्त कर लेता है तो वह कहता है-**`जब मैंने अपना भाषण समाप्त किया तो सब लोगों ने खड़े होकर तालियां बजाईं।'**

यदि स्वघोषित सफल बूढ़ा व्यक्ति या वृद्ध तन्दरुस्त हो तो वह कहता है, **`मैं इन दिनों `चिर युवा कैसे बनें', इस पर एक किताब लिखने की सोच रहा हूं।'**

जीवन में दो प्रकार के स्वघोषित सफल व्यक्ति होते हैं-

अहंकारी और दंभी

(Egoists and Egotists)

अहंकारी हर किसी की आंख का तारा बनना चाहते हैं। वह हर समय, हर जगह, हर किसी का ध्यान आकर्षित करना चाहते हैं।

जीवन में दो प्रकार के स्वघोषित सफल व्यक्ति होते हैं-अहंकारी और दंभी (Egoists and Egotists) अहंकारी हर किसी की आंख का तारा बनना चाहते हैं। दंभी चाहते हैं कि सारा जमाना उनकी बात करे।

दंभी चाहते हैं कि सारा जमाना उनकी बात करे। वे हमेशा हर जगह, हर समय, हर किसी से अपने ही बारे में बात करते हैं।

यह बातचीत एक

(क) एक अहंकारी

(ख) एक दंभी और

(ग) सामान्य व्यक्ति के बीच है

सामान्य : आप कैसे हैं?

अहंकारी : मैं तो हमेशा ठीक रहता हूं। (आपसे बेहतर ...मन में सोचता हुआ)

सामान्य : इन चुनावों में किसे वोट देंगे?

अहंकारी : किसी ने मुझसे वोट मांगा नहीं और मुझे इसकी परवाह नहीं।

सामान्य : हमलोग चुनावों से पहले एक सभा आयोजित कर रहे हैं। क्या

आप उसमें आना पसंद करेंगे?

अहंकारी : यदि मैं उसकी आयोजन समिति का सदस्य होता तो मैं जरूर आता।

सामान्य : आप चाहें तो अभियान समिति के हिस्से हो सकते हैं। जाकर पार्टी अध्यक्ष से बात कर लीजिए।

अहंकारी : मैं क्यों करूं? उन्हें पता है मैं एक अच्छा वक्ता हूं।

अब उसी सामान्य व्यक्ति ने एक दंभी से बात की।

सामान्य : आप कैसे हैं?

दंभी : मैं ठीक हूं। लेकिन जब मैं रात को सो नहीं पाता, मेरा सारा दिन बेकार हो जाता है। कल रात बाहर इतना शोर था कि मुझे माइग्रेन हो गया।

सामान्य : इन चुनावों में आप किसे समर्थन दे रहे हैं?

दंभी : हालांकि सभी पार्टियों ने मुझसे समर्थन मांगा लेकिन मैंने अभी फैसला नहीं किया। क्या दिन थे वे भी जब मैंने यूनिवर्सिटी का इलेक्शन लड़ा था। सारे उम्मीदवार मुझसे खौफ खाते थे।

सामान्य : कब हुआ था यह चुनाव?

दंभी : वो बहुत पुरानी बात है। उन दिनों चुनाव साफ-सुथरे होते थे। जब मैं अमेरिका में था (एक महीने के लिए) मैंने वहां चुनाव प्रक्रिया देखी थी। क्या बात थी उन चुनावों में।

वास्तव में मैंने अलग-अलग स्तरों पर बहुत से चुनाव देखे हैं। जब मैं एक बड़ी कम्पनी में मैनेजिंग डायरेक्टर था तो अक्सर लोगों को भर्ती करने का मौका मिलता था। हमारे गोल्फ क्लब में हम ही अपने प्रतिनिधि चुनते हैं। हर जगह मुझ पर ही जिम्मेदारी डाल दी जाती है।

जब मैं अमेरिका में था मैंने एक बहस सुनी थी दो उम्मीदवारों के बीच में। वास्तव में मैंने भी इनकी मदद की थी। उन्हें वो बहुत पसंद आई थी।

ऐसे लोग गैस सिलिंडरों की तरह होते हैं। एक जगह पर एक बार ढक्कन खोला तो फिर गैस थमती नहीं।

मैं बहुत अच्छा वक्ता भी हूं। मैं हमेशा अपनी कंपनी का प्रवक्ता भी रहा हूं। मैं अक्सर टी.वी. पर भी आता हूं...। (वो बोलता जा रहा था और सामान्य व्यक्ति को उसने कोई मौका नहीं दिया)

आप अक्सर ऐसे लोगों से मिलते होंगे। ऐसे लोग हर जगह भरे पड़े हैं। ये लोग गैस सिलिंडरों की तरह होते हैं। एक जगह पर एक बार ढक्कन खोला तो फिर गैस थमती नहीं।

लेकिन यक्ष प्रश्न यह है हमें हांकने की जरूरत क्यों पड़ती है? इसके कारण हैं –

1. **स्वघोषित सफल व्यक्ति यह महसूस करते हैं कि वे दूसरे व्यक्ति को अपना राग सुना कर प्रभावित कर रहे हैं।**
2. **उन्हें यह गलतफहमी होती है कि सुनने वाला हीन भावना महसूस करेगा और उनसे जलेगा। वे दूसरों पर अपना रुतबा कायम करना चाहते हैं।**
3. **कुछ लोग `मैं भी' की बीमारी से ग्रस्त होते हैं। आपने अक्सर टी.वी. की शूटिंग या क्रिकेट मैच की कमेंट्री के दौरान लोगों को कैमरे के सामने हाथ हिलाते देखा होगा। वे चाहते हैं कि लोग उनको नोटिस करें। इसी प्रकार हांकने वाले महसूस करते हैं कि लोग उनकी डींगें**

मैं... मैं... और सिर्फ मै...

सुनकर उनकी ओर आकर्षित होंगे।

4. **दंभी व्यक्ति सोचता है कि यही मौका है सब कुछ एक बार में कह दो, फिर मौका मिले या न मिले।**
5. **सबसे ज्यादा महत्वपूर्ण बात यह है कि हांकने वाले असुरक्षित और हीन व्यक्ति होते हैं। वे सोचते हैं कि लोग उन पर ध्यान नहीं देंगे। वे इसके लिए जोड़-तोड़ करते हैं। अपने कारनामों को बढ़ा-चढ़ा कर बताते हैं क्योंकि उन्हें अपने पर भरोसा नहीं होता।**

दोस्तों, एक चीज साफ करना और जरूरी है।

हम देखते हैं कि दुनिया में बहुत तेजी से परिवर्तन हो रहे हैं। वास्तव

में यह परिवर्तन हमारे सोचने की गति के अनुपात में हो रहा है। यह change@speed of thought है। परिवर्तनों से अवसर बढ़ते हैं पर साथ में दुविधा भी क्योंकि हमें अवसरों में से चुनाव करना पड़ता है। आज औसत व्यक्ति कभी-कभी किसी छोटी-मोटी क्षमता के सहारे कुछ समय के लिए सफलता हासिल कर सकता है। यदि औसत व्यक्ति को अपने को बेचना आता है तो वह योग्य व्यक्ति को भी पछाड़ सकता है। इसलिए सावधान रहना हमेशा जरूरी है।

हांकने. की बजाय तथ्यों का सपाट बयान होना चाहिए। यह गलत है कि प्रतिभा को हमेशा स्वयं को सिद्ध करने का मौका मिलता है। कई दफा हीरे की चमक नकली पत्थरों की चकाचौंध में छिप जाती है। इसलिए हीरे का इतना वक्तव्य जरूरी है कि मैं हीरा हूं।

कई दफा हीरे की चमक नकली पत्थरों की चकाचौंध में छिप जाती है। इसलिए हीरे का इतना वक्तव्य जरूरी है कि मैं हीरा हूं।

लेकिन उसे यह कहने की जरूरत नहीं है कि मैं एकमात्र पत्थर हूं जिसकी चमक असली है। मैं ज्यादा मूल्यवान हूं। मैंने प्लैटिनम भी देखा है और सोना भी लेकिन मेरे आकर्षण का कोई मुकाबला नहीं।

यदि कोई व्यक्ति वास्तव में सर्वश्रेष्ठ है तो उसे उद्घोषणा करने की जरूरत नहीं है।

अपनी क्षमता को प्रस्तुत कीजिए, तथ्यों को मर्यादित ढंग से रखिए लेकिन हांकिए मत।

न्यायमूर्ति की भूमिका में फैसला सुनाना
(Offering Verdicts)

स्वघोषित सफल व्यक्ति हमेशा दंभी होते हैं। वे हमेशा यह जताने की कोशिश करते हैं कि वे हर मर्ज की दवा जानते हैं। अधिकांश स्थितियों में वे सोचते हैं कि उन्हें फतवे देने का हक है। इसीलिए वे हमेशा हर चीज के बारे में अपना निर्णय सुनाते रहते हैं। उनकी आवाज में अंतिम सत्य की ध्वनि गूंजती रहती है।

एक कुत्ता होटल में दाखिल हुआ जिसमें चारों तरफ दीवारों पर शीशे लगे हुए थे। जैसे ही वो घुसा उसे हर तरफ अपनी छवि दिखाई दी।

'एक होटल में इतने सारे कुत्ते' उसने सोचा।

वो जोर से भौंका। उसके भौंकने की गूंज फैल गई और उसे लगा सारे कुत्ते उस पर भौंक रहे हैं।' 'बड़े बदमाश हैं ये सब लोग', उसने मन ही मन सोचा। तब वह झुका, अपना पेट दिखाया और पूंछ हिलाने लगा। बाकी कुत्तों ने भी वही किया। उसे यकीन हो गया कि सब कुत्तों ने उसे पसंद किया और स्वीकार किया। 'कितने दोस्ताना हैं ये सब।' उसने अपनी राय बदली।

मुझे फैसले सुनाने का हक नहीं है।

मेरी मां मुझे अक्सर एक कहानी सुनाया करती हैं :

एक सरकारी दफ्तर में एक स्टेनो कुछ कागज टाइप कर रही थी और उसका एक साथी कर्मचारी एक चिट्ठी का प्रारूप तैयार कर रहा था। अचानक उसने देखा कि स्टेनो की साड़ी पर एक तिलचट्टा बैठा था। उसने झुककर उसको भगाने की कोशिश की।

महिला घबरा गई और उस पर गिर पड़ी। उसी समय एक दूसरा कर्मचारी अंदर दाखिल हुआ। सच जाने बिना उसने सारे दफ्तर में एक कहानी फैला दी।

जाहिर है नमक-मिर्च लगाकर उसने न्यायमूर्ति की कुर्सी पर बैठकर अपना फैसला चारों ओर पहुंचा दिया।

स्वघोषित सफल व्यक्तियों में लोगों के बारे में राय गढ़ने की प्रवृत्ति होती है।

यह एक आम बात है

स्वघोषित सफल व्यक्ति निष्कर्षों तक पहुंचने के लिए हमेशा बेचैन और बेताब रहता है।

हड्डियों के दो डॉक्टर एक अस्पताल से बाहर आ रहे थे। सामने से एक आदमी लंगड़ाता हुआ चला आ रहा था। एक डॉक्टर बोला, 'इसका टखना टूट गया है।'

दूसरा बोला, 'नहीं पांव में मोच है।'

वे दोनों बहस करते रहे। आदमी करीब आया। उन्होंने उससे पूछा, 'क्या बात है भाई?' वो बोला- ***'मेरी चप्पल टूट गई।'***

सवाल बरकरार है।

'ये लोग अक्सर इतनी आसानी से दूसरों के बारे में राय कैसे बना लेते हैं।'

कारण साफ है :

1. **स्वघोषित सफल व्यक्ति हमेशा सोचता है कि वही सबसे ज्यादा सही व्यक्ति है। जो वो देखता है या सोचता है उसी पर यकीन कर लेता है और कायम रहता है।**
2. **वह यह कभी नहीं सोचता कि वह गलत भी हो सकता है। ऐसा सोचने का अर्थ है राय कायम करने में देर लगाना। लेकिन दूसरों के बारे में सोचने में, समझने में लोग समय बर्बाद नहीं करना चाहते। फौरन फतवा दे देते हैं।**

यह किस्सा एक ऐसे परिवार के बारे में है जिसमें सब लोग बहरे थे।

परिवार का मुखिया किसान था। एक दिन खेत में एक आदमी हथेली खुजाते हुए उसके पास आया और बोला, 'क्या गांव को यही रास्ता जाता है?'

किसान बहरा था। उसने जवाब दिया, 'मुझे अपनी जमीन नहीं बेचनी।'

रास्ता पूछने वाला आदमी बिना कुछ कहे चला गया।

उसी वक्त किसान की पत्नी खाने का डिब्बा लेकर आई। पति खाने की तरफ देखते हुए बोला, 'एक आदमी मेरी जमीन खरीदने आया था।'

बीवी बोली, 'अब मैं हर रोज तुम्हारे लिए छत्तीस पकवान कहां से बनाऊं। खाना है तो खाओ, नहीं तो मैं चली।' और वह चल भी दी।

रास्ते में उसका बेटा मिला तो उसने अपने पति की शिकायत की।

बेटा चिल्लाया, 'अगर मुझे रोज देर हो जाती है तो इसमें इतना हल्ला करने की क्या बात है?'

मां घर लौटी। बहू नहा-धोकर बाल संवार रही थी। उसने सारी बात बहू को बता दी। वो बोली, 'आप हमेशा जलती क्यों हैं? आपको मेरा बाल संवारना पसंद नहीं।'

बहू ने ननद से शिकायत की।

ननद बोली, 'भाभी, जहां मर्जी हो वहां मेरी शादी कर दो। मुझसे क्या पूछती हो।' और वह शर्म से लाल हो गई।

ऊपर की घटना यह बताती है कि हम जो सोचना चाहते हैं वही सोचते हैं और उसी पर कायम रहते हैं।

मैं अक्सर अचंभा करती हूं कि लोग दुनिया को नायक और खलनायक की श्रेणी में रख कर क्यों फैसले सुनाते रहते हैं? आखिरकार हर व्यक्ति में अच्छाई और बुराई का मिश्रण होता है।

राजनीति में नेता लोग अक्सर पार्टियां बदल लेते हैं। न उन्हें सिद्धान्तों से कोई मतलब होता है और न नीतियों से। और तो और वह जनता को उसके लिए तर्क भी पेश कर देते हैं। दुःख की बात तो यह है कि भोली-भाली जनता उन पर यकीन भी कर लेती हैं।

गत्यावरोध (Stagnation)

स्वघोषित सफल लोग बहुत जल्दी संतुष्ट हो जाते हैं। वे उन पुच्छल तारों की तरह होते हैं जो बहुत कम देर के लिए चमकते हैं।

गत्यावरोध का अर्थ है **यथास्थिति**।

इसका अर्थ है प्रगति की समाप्ति। विकास का रुक जाना।

वही लोग जीवन में निष्क्रिय हो जाते हैं जिनमें न उत्साह होता है और न ही प्रेरणा।

एक बार हमें एक भाषण प्रतियोगिता में निर्णायक के तौर पर बुलाया गया। मुकाबला कड़ा नहीं था लेकिन प्रतियोगिता काफी प्रतिष्ठित थी।

विजेता निशांत फूला नहीं समा रहा था। पुरस्कार वितरित करते समय मैंने कहा, तुम बहुत अच्छा बोले लेकिन अपने उच्चारण पर थोड़ा और ध्यान दो। तुम सर्वश्रेष्ठ हो सकते हो।

उसने कंधे उचकाए और बोला, 'मैं जीत तो चुका ही हूं।'

वह आत्मतुष्टि का प्रतीक था।

ऐसा व्यक्ति कुएं का मेढ़क कहा जाएगा। स्वघोषित सफल व्यक्ति कभी नहीं बदलते। लेकिन वे खुद से झूठ बोलते रहते हैं कि उनका विकास हो रहा है।

सरकारी अफसर इसके खूबसूरत उदाहरण हैं। उनका कोई भी काम न समय पर पूरा होता है और न पूर्व निर्धारित लागत में।

जो जहां है वहां सही है।

ये व्यक्ति शारीरिक और नैतिक दोनों रूप से निष्क्रिय हो चुके होते हैं।

1. शारीरिक निष्क्रियता (Physical Stagnation)

भारतीय सोच के हिसाब से अधिकांश माता-पिता पचास के बाद बूढ़ा महसूस करने लगते हैं। 60 तक पहुंचते-पहुंचते उन्हें बीमारी और सुस्ती घेरने लगती है। वे अपने शरीर को आराम देना चाहते हैं। मेरे चाचा ने 58 की उम्र में रिटायर होने के बाद कहा-`और काम नहीं। मैं पिछले 40 सालों से काम कर रहा हूं। अब मैं आराम करूंगा और जीवन का आनंद उठाऊंगा।' वास्तव में वो उसके बाद निट्ठले बैठ गए।

अमेरिका में हमारे दो मित्र हैं, 72 वर्षीय डेरिल और 70 साल की टोबी। वे हर साल अपनी 1600 सी.सी. की मोटरसाइकिल पर महीने भर का सफर करते हैं। कोई उनकी उम्र का अंदाजा नहीं लगा सकता। कुछ लोग उम्र से पहले ही प्राणहीन लगने लगते हैं।

एक लेखक कैंसर के कारण अपनी मृत्यु शैय्या पर लेटा हुआ था। उसे यकीन था कि वह ज्यादा दिन नहीं बचेगा। अचानक उसने एक दिन कलम और कागज मांगा। नौकर का सहारा लिया और किसी तरह बैठ कर कुछ लिखने लगा। नौकर घबराया और बोला, `हुजूर, आराम कीजिए।' नौकर को समझ नहीं आ रहा था कि आखिरकार उसका मालिक क्या लिखना चाहता था। आखिरकार वह अपनी उत्सुकता रोक नहीं पाया। लेखक ने जवाब दिया, `अपने नए उपन्यास में, मैंने अपने एक पात्र को

मरते हुए दिखाया है। लेकिन मुझे लग रहा था कि वह वर्णन वास्तविकता के करीब नहीं था। अब जबकि मैं उन क्षणों से गुजर रहा हूं, मैं उसे ज्यादा ईमानदारी से लिख सकता हूं।'

लेखक अंतिम क्षण तक सक्रिय था। हम तो एक छींक के बाद निढ़ाल हो जाते हैं और गला खराब होने जैसी छोटी-छोटी चीजों पर ही काम करना भी बंद कर देते हैं।

2. नैतिक निष्क्रियता (Moral Stagnation)

यह हम सब में होती है लेकिन पहचान में नहीं आती है। यह मूल्यों का क्षरण है। बहुत लोग इस बात को स्वीकार करेंगे कि यह निष्क्रियता नहीं है बल्कि पतन है। लेकिन आजकल लगता है नैतिकता की परिभाषा बदलती जा रही है।

एक अमीर आदमी समाज में जनसेवक के रूप में विख्यात था। हाल ही में उसने एक नए क्लब के लिए 10 लाख रुपए दान दिए थे, क्योंकि उसे पूरा विश्वास था कि उसके नाम का पत्थर वहां जड़ा जाएगा। यह सुनकर एक बार मैंने एक मानसिक रोगों से ग्रस्त बच्चों के अस्पताल के लिए दान मांगा।

जन सेवक ने पूछा, 'क्या मुझे आयकर में छूट मिलेगी?'

फिर बिना रुके बोला, 'चलो उसे छोड़ो। यह बताओ कि कितने लोग आते हैं वहां? मेरी दिलचस्पी इस बात में है कि कितने लोगों को मेरे नाम के बारे में पता लगेगा।'

मैं अवाक हो गई।

यदि क्लब के लिए लाखों देनेवाला बच्चों के अस्पताल के लिए आयकर में छूट चाहता है तो उसका भगवान ही मालिक है।

क्या आपकी नैतिकता आपको प्रेरित नहीं करती कि आप अपने समाज में रुतबा जमाने की बजाय मानसिक रूप से अविकसित बच्चों की मदद करें।

मेरा बचपन का दोस्त तरुण एक इलैक्ट्रॉनिक इंजीनियर है। उसके मां-बाप एक सरकारी स्कूल में पढ़ाते थे। मध्यम वर्ग के एक परिवार का यह बेटा बहुत ही साधारण परिस्थितियों में पला-बढ़ा था। लेकिन उसे शिकागो तक जाकर पढ़ने का मौका मिला। वह फिर वहीं बस गया।

पिछले साल वह छुट्टियों में भारत आया था। जब मैं उससे मिली तो पता लगा कि उसका एक 3 साल का बेटा है। मैंने पूछा-

'बैटा कैसा है?'

उसने कहा, 'हम तो छुट्टियों में आए हैं। मैं नहीं चाहता था कि वह एक टूटी-फूटी सड़कों पर धक्के खाए। यहां का गंदा पानी पिए। यहां की लू को झेले। लिहाजा हम उसे वहीं हॉस्टल में छोड़ आए हैं।'

यह है हमारी आचारसंहिता। क्या हमारे बच्चों को हमारे देश के बारे में पता नहीं लगना चाहिए। हम उन्होंने पूर्वजों की धरती से अंजान क्यों रखना चाहते हैं। मेरे कहने का यह मंतव्य नहीं है कि हिन्दुस्तान की समस्याओं को नज़रअंदाज करते हुए हिन्दुस्तान में ही रहना चाहिए। मेरा उद्देश्य उस मानसिक शक्ति का ज्ञान कराने की है जिससे हम भारत को इसकी तमाम अच्छाइयों और बुराइयों के साथ स्वीकार कर सके।

अहंकार (Arrogance)

स्वघोषित सफल व्यक्तियों के दो चेहरे होते हैं। एक, जिसे वह स्वयं जानता है और कुछ नजदीकी लोग। दूसरा, जिसे लोग देखते हैं। वह एक मुखौटा होता है पर नजदीक से उसमें गड्ढे दिखाई पड़ते हैं और घिनौनी असलियत बाहर झांकती है।

वे लोगों को अपनी छोटी-मोटी उपलब्धियों के बारे में बार-बार बताकर उसे ताजा रखते हैं तथा अपनी महत्वहीन सफलताओं का बखान इस कोशिश के साथ करते हैं कि लोग उन्हें आदर्श मानें।

वह अपने बारे में ऐसे बात करते हैं कि लोग उन्हें महान समझें। वे हर चीज के बारे में अपनी राय देते हैं। अपने ज्ञान को बढ़ा-चढ़ा कर बताते हैं।

अक्सर मूलतः असफल (Raw failure) लोग उनके झांसे में आ जाते हैं। ऐसे लोग अपनी निष्क्रियता को भी खास अंदाज से प्रस्तुत करते हैं। उनकी शारीरिक निष्क्रियता को भी वे अपने संघर्ष के परिणाम के रूप में जताते हैं। जिसकी कहानियां वे कई बार हांक चुके होते हैं।

अपने नैतिक पतन को वे समाज सेवा कह कर बखानते हैं। किसी खास उद्देश्य से उनका लगाव, उनकी प्रतिबद्धता का सूचक बताया जाता है। लोगों को उनके दिमागी दिवालियापन के बारे में पता ही नहीं लग पाता।

वे अपने व्यक्तित्व को ऐसे सजाकर पेश करते हैं कि भीतर का घटिया माल ढक जाता है। लेकिन जो लोग उनके निकट सम्पर्क में आते हैं वे उन्हें जान जाते हैं। बाकी लोग बाहरी चमक-दमक के शिकार हो जाते हैं।

कहना न होगा कि वे लोग बनावटी जीवन जीते हैं। वे दूसरों को हिकारत की निगाह से देखते हुए स्वयं को महान और प्रतिष्ठित स्थापित करते रहते हैं।

अब पढ़ने को थोड़ा विराम दीजिए।

सोचिए।

स्वयं से बात करिए और नीचे लिखे प्रश्नों का जवाब दीजिए -

1. **क्या मैं डींगे मारता हूं? यदि हां तो क्यों?**

   ....

   ....

   ....

2. **क्या मैं लोगों के बारे में फैसले सुनाता हूं? यदि हां तो क्यों?**

   ....

   ....

   ....

3. **क्या मैं आत्मतुष्टि का शिकार हूं? यदि हां तो क्यों?**

   ....

   ....

   ....

4. **क्या मैं अहंकारी हूं? यदि ऐसा है तो क्यों?**

   ....

   ....

   ....

5. **स्वयं को बदलने के लिए मेरी क्या भावी योजनाएं हैं?**

   ....

   ....

   ....

सूत्रधार

अब तक, हम असफल लोगों की विभिन्न श्रेणियों के बारे में जान चुके हैं। यह भी कि वे क्या हैं और जैसे हैं वैसे क्यों हैं?

असफल व्यक्तियों का एक चारित्रिक गुण यह है कि वे एक **दो धारी तलवार** की तरह होते हैं। उनका इस्तेमाल सकारात्मक और नकारात्मक दोनों तरीके से किया जा साकता है।

यह अध्याय हमें इस दोधारी तलवार से निपटने में मदद करेगा।

इस अध्याय में हम यह जानने की कोशिश करेंगे कि सार्थक और सकारात्मक आलोचना कैसे की जाती है।

हम यह भी जानेंगे कि शिकायत करने का प्रभावशाली तरीका क्या है।

अपने और दूसरों पर भरोसा कैसे किया जाए।

और तुलना करने का सही रास्ता क्या है।

दिशा दर्शन
(The Driving Directions)

हम सब कभी न कभी असफल हो जाते हैं। इसके अनेक कारण हैं। लेकिन हमारा सरोकार असफलता से नहीं है।

हम चाहते हैं कि आप असफलताओं से सीखें।

हमारा सरोकार असफलताओं से सीखने से है।

हम अपनी कमजोरियों के कारण असफल होते हैं। कुछ कमजोरियों को दूर करने की जरूरत है जबकि कुछ को शक्ति में बदलने की। पहले यह जानना चाहिए कि कमजोरी को ताकत में कैसे बदला जा सकता है।

आलोचना कैसे

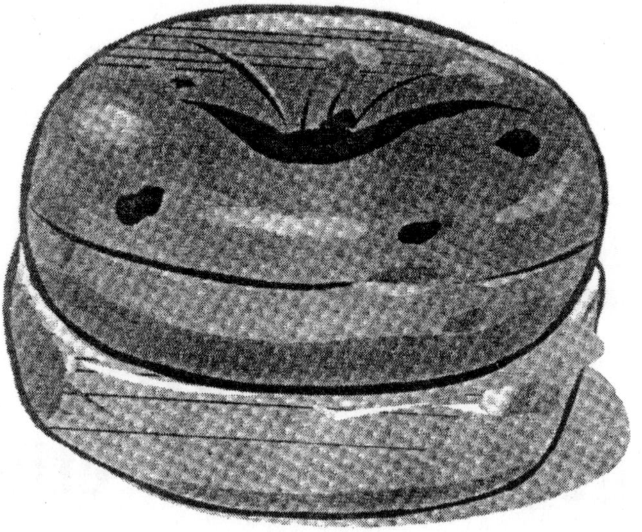

आलोचना हो तो बर्गर जैसी

आलोचना एक निर्णय है जो कि अच्छे और बुरे को जांचने के बाद किया जाता है।

आलोचना कैसे करें?

- **प्रत्यक्ष आलोचना करिए** (Criticise directly)
- **सीधे मुद्दे पर आइए** (Criticise by zeroing in)
- **आलोचना में कड़वाहट न हो** (Criticise wihtout bitterness)

आलोचना सदैव बुरी नहीं होती। लेकिन उसे करने का तरीका गलत हो सकता है।

आमतौर पर आलोचना का अर्थ है असहमति और निंदा। आलोचना सदैव बुरी नहीं होती। लेकिन उसे करने का तरीका गलत हो सकता है।

जैसे कि पहले हम बता चुके हैं कि हमारी निरर्थक और नकारात्मक आलोचना व्यक्ति को अपमानित और आहत कर सकती है। हमें आलोचना करना बंद नहीं करना चाहिए लेकिन उसे सकारात्मक और सार्थक बनाने की कोशिश करनी चाहिए।

आलोचना करना सबको अच्छा लगता है लेकिन अपनी आलोचना सुनने से सब कतराते हैं।

हम बिना बात के लोगों की आलोचना कर सकते हैं लेकिन यदि कोई

हमें हमारी गलत बात पर भी टोके तो हमें बुरा लगता है। हम आलोचना से इसलिए घृणा करते हैं क्योंकि हम ऐसी आलोचना को अपमान मानते हैं। हम किसी के सामने अपनी कमजोरी को स्वीकार नहीं करना चाहते।

हमें लगता है कि लोग हमारे काम में टांग अड़ा रहे हैं। हम चाहते हैं कि लोग अपने काम से काम रखें।

आपने बर्गर तो जरूर देखा होगा। इसमें ऊपर नीचे मुलायम डबल रोटी होती है और बीच में सख्त खाद्य सामग्री। आलोचना की शुरुआत मृदु तरीके से करनी चाहिए। फिर आलोचना का कटु लेकिन उचित (Valid) भाग आना चाहिए और अंत में फिर हल्के से सहला देना चाहिए।

जब भी आप आलोचना करें -

1. **सीधी-सपाट बात करिए :** कभी भी किसी व्यक्ति की पीठ पीछे बुराई नहीं करनी चाहिए क्योंकि-

● अगर उसे पता लग गया तो आप शर्मिन्दा होंगे और आपको अटपटा लगेगा।

● अगर उसे पता नहीं लगा तो फिर उस आलोचना का फायदा क्या?

● जब वह व्यक्ति वहां मौजूद नहीं होता जिसकी हम आलोचना कर रहे हैं तो हम उसकी बुराई बढ़ा-चढ़ा कर बताते हैं और सुनने वाले मजा लेते हैं।

आपके अंदर इतनी हिम्मत होनी चाहिए कि व्यक्ति के मुंह पर सीधी-सच्ची बात कह सकें वर्ना अपना मुंह बंद रखें।

2. **सीधे मुद्दे पर आइए :** इधर-उधर की लफ्फाजी नहीं होनी चाहिए। सटीक बात करिए और जल्दी खत्म कर दीजिए।

हम अक्सर आलोचना में अपनी घृणा भी जोड़ देते हैं और फिर उसी बात को बार-बार दोहराते हैं।

आलोचना होनी चाहिए
सटीक (Concrete)
संक्षिप्त (Crisp)
स्पष्ट (Clear)

- **आलोचना में कड़वाहट नहीं होनी चाहिए**

हम आलोचना आदतन करते हैं।

हमें `क्या बात है', `मजा आ गया' जैसे वाक्यों का अक्सर इस्तेमाल करना चाहिए लेकिन व्यंग्यात्मक लहजे में नहीं, वरन् प्रशंसात्मक भाव के साथ। हर मुद्दा एक विकर्ण की तरह होता है जिसे किसी भी तरफ खींचा जा सकता है। आप चाहें तो किसी बात को बहुत बुरा, आशाहीन बना सकते हैं या फिर इतने सुंदर तरीके से पेश कर सकते हैं कि वह आकर्षक बन जाए।

पिता हो तो ऐसा

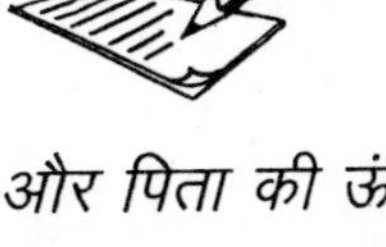

जब ईश्वर पिताओं को बना रहे थे तो उन्होंने एक बड़ा खांचा लिया। समीप ही खड़ी थी एक देवी। उसने पूछा, `प्रभु, यह कैसा पिता है? यदि बच्चों और पिता की ऊंचाई में इतना अंतर होगा तो क्या अच्छा लगेगा? यह उनके साथ घरौंदे नहीं बना पाएगा। न उन्हें आसानी से उठा पाएगा और न आसानी से प्यार कर पाएगा।'

प्रभु मुस्कराए और बोले, `यदि मैं पिता को बच्चों के समकक्ष रख दूंगा

तो वे प्रेरणा कैसे प्राप्त करेंगे।' ईश्वर ने पिता के हाथों को लम्बा और मजबूत रूप प्रदान किया। देवी फिर बोली, 'लंबे हाथों से न बटन टकेंगे और न बाल गूथेंगे।'

ईश्वर फिर मुस्कराए और बोले, 'ये हाथ इतने बड़े हैं कि जिज्ञासा से भरी बच्चों की जेबों के सामान को थाम सकें।' और इतने छोटे कि बच्चे के पूरे चेहरे को ढंक सके।

ईश्वर ने इस पिता पर पूरी रात काम किया। उसे कुछ शब्द दिए। एक आधिकारिक वाणी दी और ऐसी आंखें जो सब देखती थीं, समझती थीं पर जताती नहीं थीं। अंत में सोचते हुए ईश्वर ने उन्हें दिए-आंसू। फिर वह देवी की ओर मुड़े और बोले, 'अब तो तुम संतुष्ट हो। मैंने उसमें मां की करुणा भर दी है।'

देवी निरुत्तर थी।

(ओसीनिंग (न्यूयार्क) रजिस्टर से साभार)

शिकायत
हो तो
टाइम बम जैसी

शिकायत कैसे करें
(How to Complain)

शिकायत का अर्थ है एक असंतुष्ट व्यक्ति द्वारा किसी स्थिति पर अपनी असहमति।

हम शिकायत तब करते हैं जबकि हमें महसूस होता है कि हमारे पास कोई और अन्य रास्ता नहीं है।

शिकायत कैसे करें?

तभी करें जब जरूरत हो।

सही वक्त और सही शब्दों में करें।

शांत भाव से करें।

बिना अतिरंजना (Exaggeration) के करें।

तब न करें जब कसूर आपका हो।

तभी करें जब जरूरत हो (Complain where required) :

लोग हर चीज के बारे में हर जगह शिकायत करने बैठ जाते हैं। खुद को इस स्थिति में रखकर देखिए :

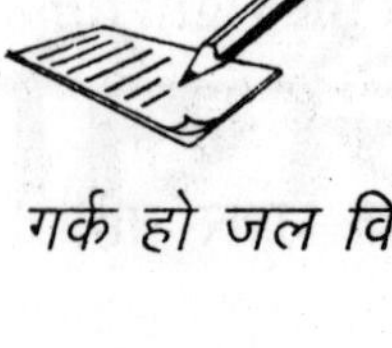

आप सुबह उठते हैं और देखते हैं कि नल में पानी नहीं आया।

आपको गुस्सा आ जाता है और आप कहते हैं, 'बेड़ा गर्क हो जल विभाग का। आज फिर पानी नहीं दिया।'

दफ्तर जाते समय एक गड्ढे पर गुजरते समय आपकी कार उछल जाती है।

आप कहते हैं कि 'सड़क में गड्ढे नहीं हैं, ये तो सिर्फ गड्ढों में सड़क है।'

दफ्तर पहुंचकर आप पाते हैं लिफ्ट भी काम नहीं कर रही है।

आपका दफ्तर आठवीं मंजिल पर है। आप फिर भुनभुना उठते हैं और कहते हैं, 'देश में कभी कुछ ठीक नहीं हो सकता।'

जब आपकी शिकायत कहीं पहुंची ही नहीं तो शिकायत का क्या फायदा। यह तो समय और ऊर्जा की बर्बादी हुई न।

जरा सोचिए, आपने हर चीज पर शिकायत दर्ज की लेकिन क्या ये कहीं पहुंची। न जल विभाग में, न लोकनिर्माण विभाग में और न ही सरकार के पास। जब आपकी शिकायत कहीं पहुंची ही नहीं तो शिकायत का क्या फायदा। यह तो समय और ऊर्जा की बर्बादी हुई न। खुद को बुरा लगा सो अलग। आखिर में आपके हाथ क्या लगा-निराशा, चिड़चिड़ापन ही तो।

हमें स्वीकार करना होगा कि शिकायतें हमें कहीं नहीं पहुंचाती।

आपने टाइम बम के बारे में तो सुना होगा। यह हमला करता है लेकिन सही वक्त पर और सीधे निशाने पर। आपको भी शिकायत करते समय टाइम बम होना चाहिए।

- **शिकायत समय पर हो, सटीक हो** (Complain at the right time in appropriate words)

यदि आपका अध्यापक आपके सवालों के संतोषजनक उत्तर नहीं दे

पा रहा है तो आपको शिकायत करनी चाहिए लेकिन सीधे सपाट शब्दों में।

एक बार न्यूयार्क हवाई अड्डे पर मैंने देखा कि एक यात्री एक कुली पर चिल्ला रहा था क्योंकि उसने उसका सामान ठीक तरीके से नहीं पहुंचाया था। वह कुली को बता रहा था कि वह कितना बड़ा आदमी है। कुली ने सारी बात शांति से सुनी और सामान जमा करा दिया और बिना कुछ कहे चला गया। मुझे बड़ा अच्छा लगा। मैंने उससे कहा, 'तुम्हारी शांति ने बात संभाल ली। वर्ना बतंगड़ बन जाता।'

कुली मुस्कराया, बोला-'अभी आदमी तो जाएगा शिकागो और इसका सामान जाएगा मिशीगन।'

जो कुली के वश में था उसने किया। उसने पलट कर जवाब देने की बजाय नहले पर दहला मार दिया। यात्री को क्या मिला। बेवजह चिल्लाने की सजा।

लिहाजा शिकायत करना सीखिए। सही समय पर उचित शब्दों के साथ।

● **शिकायत शांत भाव से करें** (Complain calmly)

जब कभी भी आप असम्मत हों या फिर निराशा से ग्रस्त हों तो भी हमला मत करिए। अभद्रता मत दिखाइए। शिकायत का अधिकतम असर तब होता है जबकि वह संतुलित और शांत स्वर में दर्ज की जाए।

शिकायत एक वक्तव्य होना चाहिए, फैसला नहीं।

● शिकायत करिए पर बिना अतिरंजना के (Complain without exaggeration)

जरूरत से ज्यादा शब्दों में व्यक्त की गई प्रतिक्रिया बाल की खाल निकालने जैसा होता है।

एकबार हमारे यहां प्रशिक्षु महिला अपने पति को लेकर आई और बोली-

'मैडम, मेरे पति मुझे प्यार नहीं करते।' उसकी आवाज कांप रही थी। पति ने दूसरी तरफ देखते हुए ठंडी सांस ली।

मैंने पूछा, 'निशि, आखिर ऐसी क्या बात है?'

निशि ने कहा, 'दो महीने पहले ये मेरा जन्मदिन भूल गए। पिछले हफ्ते मेरी कार खराब हो गई। इन्होंने कहा ये मुझे दफ्तर लेने आएंगे। ये भूल गए। कल हमारी शादी की सालगिरह थी। इन्हें याद ही नहीं रहा।'

'लोग तो गैरजरूरी चीजें भूलते हैं। ये मेरे बारे में हर बात भूल जाते हैं। इसका साफ अर्थ है ये मुझे प्यार नहीं करते।' उसने अपनी बात खत्म की।

'इसका अर्थ है कि ये भुलक्कड़ हैं। चीजों को याद नहीं रख पाते, यह नहीं कि तुम्हें प्यार नहीं करते।' मैंने उसकी बात को सही करते हुए कहा।

इस किस्से में पत्नी ने पति के भुलक्कड़पन को पति विमुखता करार देकर न जाने क्या-क्या सोच लिया था।

श्रुति नवमी क्लास में पढ़ती है और बहुत रचनाशील और उत्साही है। उसे भाषण प्रतियोगिता में पहला इनाम मिला था। इस पर हमने उसे अपनी वर्क शॉप में आने का निमंत्रण दिया। वर्क शॉप के बाद उसकी मां हमसे मिलना चाहती थी। बैठने से पहले ही उसने बोलना शुरू कर दिया, 'मैडम इसे समझाइए। इस साल इसके बोर्ड का इम्तिहान है। यह हर रोज खेलती

है। दो घंटे टी.वी. देखती है। देर सवेर तक सोती है। फेल हो जाएगी।'

मैंने पूछा, 'श्रुति, कितने घंटे पढ़ती हो?'

उसने खीझ कर कहा, 'हर रोज पांच घंटे।'

मैंने उसकी मां से कहा, 'श्रीमती शर्मा, आप खामख्वाह घबरा रही हैं।'

श्रीमती शर्मा को समझ में नहीं आ रहा था कि जो लड़की हर चीज में इतना आनंद लेती है वह पढ़ाई कैसे कर सकती है। लेकिन उनका शिकायती तरीका गलत था।

● **यदि गलती आपकी हो तो शिकायत मत करिए** (Don't complain when the fault is your own)

सही बुआई न करने पर वर्षा या भूमि की शिकायत करना कहां तक जायज है।

जब कोई इम्तहान में फेल हो जाता है तो वह या तो पर्चे की बुराई करता है या फिर परीक्षक की। वह यह नहीं मानता कि उसने मेहनत नहीं की थी। हम सब जानते हैं कि हम जैसा बोएंगे वैसा ही काटेंगे। सही बुआई न करने पर वर्षा या भूमि की शिकायत करना कहां तक जायज है।

दूसरों पर दोष मढ़ना बहुत आसान है। इसी प्रकार आप हर बात की शिकायत कर सकते हैं लेकिन उसका भी एक तरीका होना चाहिए।

एक युद्ध के बाद अखबार वालों ने जनरल को बधाई देते हुए कहा, 'इसका सबसे ज्यादा श्रेय किसे मिलना चाहिए?'

जनरल ने कुछ क्षण सोचा और फिर बोला, 'मुझे नहीं मालूम। लेकिन एक बात साफ है कि यदि हम हार जाते तो सारा दोष मेरा होता।'

पैदा करें मन के भीतर विश्वास जैसे होता है एक शिशु के मन में

अपने भीतर विश्वास कैसे उत्पन्न किया जाए
(How to cultivate trust within)

बहुत सारे लोग हर चीज में मीन-मेख निकालते हैं। उन्हें लगता है कि उनके चारों तरफ हर चीज गलत हो रही है। वो किसी चीज पर यकीन कर ही नहीं सकते।

अपने भीतर विश्वास कैसे उपजाया जाए?

मैं एक अच्छा इंसान हूं। मेरे इरादे भी सुंदर हैं। इस बात को बार-बार दोहराइए और उसका पालन करिए।

अपने बारे में कही गई सकारात्मक बातों का आनंद उठाइए लेकिन उनके बारे में ज्यादा मत सोचिए।

लोगों को `संदेह का लाभ' दीजिए।

कुछ लोग किसी भी सही बात पर यकीन नहीं करते क्योंकि उन्हें कोई चीज अच्छी लगती ही नहीं। जो लोग उत्साही होते हैं उन्हें चारों ओर ऊर्जा का संचार नजर आता है।

किरण बेदी कर्म निष्ठा की पर्याय हैं। अगर उन्हें चांद पर भी भेज दिया जाए तो वह अपने लिए कोई न कोई रचनात्मक काम ढूंढ़ लेगी। लेकिन कुछ लोग काम के ढेर के बीच भी काम ढूंढ़ते हुए पाए जाते हैं। वे हमेशा उदास और मुर्दनी सी भरे होते हैं। उन्हें आशा की कभी कोई किरण ही नजर नहीं आती है। उनके मुंह लटके हुए रहते हैं और वे दूसरों को भी ऐसा ही देखना चाहते हैं।

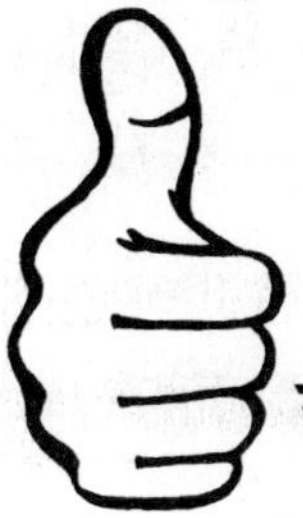

विश्वास करना सीखिए।
यही हमें जोड़ता है।
जबकि संदेह हमें तोड़ता है।

आपने छोटे बच्चों को जरूर देखा होगा। वे मासूमियत के साथ सब पर विश्वास करते हैं, सन्देह नहीं।

हम उन जैसे क्यों नहीं हो सकते? कोशिश करिए। अपने भीतर के बच्चे को जिन्दा रखिए। आप अपने पर विश्वास करने लगेंगे और दूसरों पर भी।

स्वयं में विश्वास जगाने के लिए नीचे लिखी बातों पर गौर करिए :

1. मैं एक अच्छा इंसान हूं और दूसरों का हमेशा भला चाहता हूं।

इस बात को स्वयं से कहिए और इस पर यकीन भी करिए। धीरे-धीरे आपको लगेगा कि दूसरे भी ऐसा ही सोच रहे हैं।

2. अपने बारे में की गई सकारात्मक बातों का आनंद उठाइए लेकिन उन्हें स्वयं पर हावी मत होने दीजिए।

यह सोचना गलत है कि यदि किसी ने अच्छी बात की है तो गलत इरादे से की होगी। उस पर यकीन कीजिए और सोचिए कि वाह कैसी शुरुआत है। दिन अच्छा गुजरेगा।

यदि कोई आपका विश्वास तोड़ता है तो उसे माफ कर दीजिए लेकिन उसके नाम को याद रखिए।

यदि किसी ने गलत इरादे से भी कहा तो भी आपका कोई नुकसान नहीं होगा। शुरू से ही हर किसी पर संदेह करना ठीक नहीं है।

'यदि कोई आपका विश्वास तोड़ता है तो उसे माफ कर दीजिए लेकिन उसके नाम को याद रखिए।'

3. संदेह का लाभ दीजिए (Benefit of doubt)

यदि किसी ने आपसे अप्रत्याशित बात कही हो तो भी किसी निष्कर्ष पर पहुंचने की जरूरत नहीं है। उसे **संदेह का लाभ दीजिए**।

द्वितीय विश्व युद्ध में एक जनरल ने अपने रेजीमेंट को बुलाया और कहा, 'जो लोग इस खतरनाक मिशन पर जाना चाहते हैं दो कदम आगे आ जाएं।' तभी एक वायरलैस मैसेज आया। जब वह उसे सुनकर लौटा तो उसने देखा कोई भी आगे नहीं आया था। उसने सबको डरपोक और देशद्रोही कहा। अपने गुस्से में उसे यह नजर ही नहीं आया कि पूरी रेजीमेंट दो कदम आगे बढ़ चुकी थी।

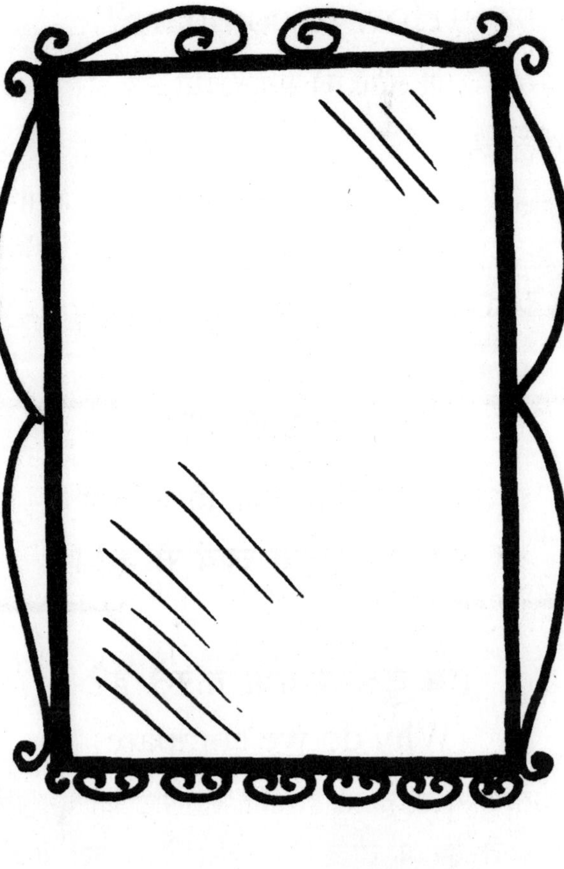

तुलना कीजिए
दर्पण की तरह

तुलना कैसे करें?
(How to compare?)

तुलना का अर्थ है कि लोगों को समानताओं और असमानताओं के आधार पर श्रेणीबद्ध करना।

भिन्नता पूर्ण सृष्टि को एक शब्द में समाहित करने का नाम है। हर प्राणी अपने आप में अनूठा है। लेकिन हम उसे दूसरों के जैसा अभिव्यक्त करने की कोशिश करते रहते हैं।

तुलना कैसे करें?

तुलना करने का एक ही तरीका है-

स्वयं की तुलना स्वयं से करें।

हम तुलना क्यों करते हैं?
(Why do we compare)

1. हम तुलना इसलिए करते हैं ताकि सर्वश्रेष्ठ को चुन सकें। अगर हम कुछ खरीदने जाते हैं तो तोल-मोल कर, देख-भाल कर खरीदते हैं। लेकिन एक बार खरीदने के बाद फिर तुलना करना बेमानी है।

2. प्राणी वस्तुओं से भिन्न होते हैं। चीजों में हम जैसी गुणवत्ता तलाशते हैं, वैसी व्यक्तियों में नहीं तलाशी जा सकती। इसलिए दोस्त या जीवनसाथी चुनते समय तुलना नहीं करनी चाहिए। नौकरी देते समय तुलना की जा सकती है क्योंकि विभिन्न प्रतिभागियों के बीच तुलना कर बेहतर को चुना जा सकता है।

मम्मी और पापा औरों से
मेरी तुलना क्यों करते हैं?
अगर मैं उनकी तुलना अपने
दोस्तों के मम्मी-पापा से करने लगूं तो...?

3. अक्सर हम दो चीजों या व्यक्तियों की तुलना करते हैं क्योंकि इससे हम एक को अच्छा और दूसरे को बुरा साबित कर सकें। इस प्रक्रिया में एक को हम सिंहासन पर और दूसरे को कूड़ेदान में सरका देते हैं।

हम अपने बच्चों की तुलना दूसरों से इसलिए करते हैं ताकि उन्हें प्रोत्साहित कर सकें। वे और मेहनत करें और अच्छे अंक लेकर आएं।

यदि आप अपने बच्चे की तुलना उसके दोस्त से करेंगे तो कल्पना कीजिए क्या होगा यदि वह भी आपकी तुलना अपने दोस्त के पिता से करने लगे।

याद रखिए :

तुलना एक दुःखदायी प्रेरक तत्व है
Comparison is a Harsh Motivation

हमें अक्सर कहा जाता है फलां की तरह बनो। फलां की तरह मत करो। और जब भी हमें ऐसा कहा जाता है हमें बेहद चिढ़ होती है। हम किसी और जैसे कैसे हो सकते हैं?

जब एक बच्चा सचिन तेंदुलकर या इंदिरा गांधी बनना चाहता है, तो यह उसका खुद का फैसला होता है। हम उसे सचिन या इंदिरा नहीं बना सकते।

इसलिए कभी किसी इंसान की तुलना दूसरे इंसान से मत करिए।

तुलना कैसे करें

मैं सबको जानता हूं
न कोई कम न ज्यादा है
मैं सदैव तरक्की करूंगा
यही मेरा इरादा है
मैं लोगों से अपनी
तुलना के डग नहीं भरूंगा
मैं सिर्फ स्वयं से तुलना करूंगा।

स्वयं से तुलना कारगर होती है

दो छोटे बच्चे अपनी मां की मिट्टी के बर्तन बनाने में मदद कर रहे थे।

एक दिन मां चिढ़ कर बोली, 'अपने भाई की तरफ देख। वह जरा सी भी मिट्टी खराब नहीं करता। कितने सुन्दर बर्तन बनाता है। तुम्हारे इन चार बर्तनों को कोई नहीं खरीदेगा।'

अगले दिन पिता भी उनके साथ काम में जुट गए।

छोटा बेटा अपनी मां को खुश करने के लिए मेहनत कर रहा था।

पिता बोला, 'अपने भाई से सीखो। तुम्हारे हाथों में हुनर नहीं है।'

बेटा बोला, 'आज मैंने सिर्फ दो बर्तन खराब बनाए हैं। मैं सुधर रहा हूं।'

मां झेंपी और उसने बात समझ कर सिर हिलाया।

अपने से रोज पूछिए कि क्या कल के मुकाबले आज कोई तरक्की की। बीते हुए कल का पैमाना आज को बेहतर बनाता है और आज का पैमाना आने वाला कल को। आप हर रोज कुछ न कुछ जोड़ सकते हैं। यही आनेवाले सभी दिनों को बेहतर बनाएगा।

क्रिस्टिन ओटो ने एक ओलम्पिक में छः स्वर्ण पदक जीते थे। जब उनसे पूछा गया तो उन्होंने राज़ की बात बताई। 'मैं स्कूल में हर रोज सात घंटे, कॉलेज में 10 घंटे और किसी भी मुकाबले से पहले 14 घंटे अभ्यास करती रही हूं।' उसने खुद की तुलना खुद से कर, सुधार किया और चैंपियन बनी।

चैंपियन कभी अपना मुकाबला किसी और से नहीं करता। वह अपने ही रिकार्ड को सुधारता रहता है। क्या सर्गई बुबका या कार्ल लेविस या फिर न्यूटन और तेन सिंह शेरपा ने जीवन में वह सब हासिल किया होता यदि वे अपनी तुलना औरों से करते रहते।

ग्यारह और ग्यारह कितने होते हैं?
एक छात्र ने कहा, 'सर 24।' बहुत अच्छे।
दूसरा छात्र बोला, 'लेकिन सर, होते तो बाइस हैं।'
अध्यापक ने कहा, 'कोई बात नहीं, कल यह छब्बीस कह रहा था।'

अपनी उपलब्धियों की सीमाओं को हर रोज फैलाव देते रहिए। बजाय दूसरों की उपलब्धियों को ताकने के।

दोस्तों,

हमने देखा कि आलोचना करने, शिकायत करने, विश्वास उपजाने और तुलना करने का सही रास्ता क्या है क्योंकि आलोचना, शिकायत व तुलना करने के सही तरीके होते हैं।

लेकिन टालमटोल करने या शेखी बघारने के कोई सही तरीके ही नहीं होते। इन्हें तो हमें छोड़ना ही पड़ता है।

आइए, इन्हें छोड़ना सीखें।

पढ़िए, आपको मजा आएगा।

टाल-मटोल से कैसे बचें?

टाल-मटोल का अर्थ है चीजों को तब तक टालते रहना जब तक कि संभव हो। कुछ लोग इस काम में बड़े माहिर होते हैं।

टालमटोल से कैसे बचें

कठिनाइयों का स्वागत कीजिए।

लाभ-हानि का जायजा लीजिए।

एक वक्त में एक कदम बढ़ाइए।

स्वयं का उत्साह बढ़ाइए।

- **कठिनाइयों का स्वागत कीजिए**

(Learn to welcome difficulties)

एक पुरानी कहावत है, **"अच्छे परिणाम की उम्मीद रखिए, खराब परिणाम के लिए तैयार रहिए।"** जो लोग चीजों को टालते हैं उन्हें लगता है कि सफल लोगों का जीवन चांदी की थाली में सोने का वर्क लगाकर पेश किया गया है। ऐसा सोचना वास्तविकता से मुंह मोड़ना है।

अच्छे परिणाम की उम्मीद रखिए, खराब परिणाम के लिए तैयार रहिए।

- **लाभ हानि का जायजा लीजिए (Do a cost benefit analysis)**

जब आप कोई महत्वपूर्ण काम टालते हैं तो टालने के लाभ और हानि के बारे में भी सोचिए। हो सकता है कि अस्थाई तौर पर टालने में आनंद आए लेकिन अंततः नुकसान आप ही का होगा।

● **एक बार में एक कदम उठाएं (Take a one step at a time)**

आगे बढ़ने का राज़ है कहीं न कहीं से शुरुआत करना, भले ही वह कितनी ही छोटी क्यों न हो। लेकिन यह कोई आसान बात नहीं। एक सर्द सुबह रजाई से निकलना बड़ा मुश्किल होता है। निकल आओ तो सब कुछ आसान लगने लगता है।

स्वयं को शुरुआत करने के लिए प्रेरित कीजिए

मुझे कार चलानी नहीं आती थी, भीड़ से डर लगता था। वास्तव में मैं स्कूटर भी ठीक तरह से नहीं चला पाती थी। मैं इसे टालती रही और फिर कोशिश करना भी छोड़ दिया। मुझे लगा ये मैं कभी नहीं सीख पाऊंगी।

एक दिन मेरी मां ने मुझे अपनी कार में बिठाया और मेरे हाथ में स्टेयरिंग व्हील थमा दिया। पांच मिनट बड़ी दिक्कत हुई लेकिन इसके बाद मेरे हाथ सध गए।

घर लौट कर उन्होंने कहा, 'देखा, कोई दिक्कत हुई क्या?' उन्होंने एक बार फिर यह प्रयोग दोहराया और मैं आज तक आराम से गाड़ी चला रही हूं।

यदि आपका कमरा अस्त-व्यस्त है और जीवन बिखर गया है तो सोचिए मत। जब तक आप शुरू नहीं करेंगे आपका मूड नहीं बनेगा।

मैं अब जब कभी पीछे मुड़ कर देखती हूं तो अपने टालूपन पर अचंभा होता है। यदि आपका कमरा अस्त-व्यस्त है और जीवन बिखर गया है तो सोचिए मत। जब तक आप शुरू नहीं करेंगे आपका मूड नहीं बनेगा। क्योंकि यह एक उबाऊ काम है। इसलिए इसे जितना जल्दी शुरू करके खत्म कर दें उतना बेहतर है।

हर रोज पांच मिनट निकालिए और एक-एक हिस्सा साफ करना शुरू कर दीजिए।

● स्वयं को प्रोत्साहित कीजिए (Cheer yourself up)

जब आप वो काम शुरू करते हैं जिसे काफी समय से टाल रहे थे तो स्वयं से ही खुद की तारीफ करना सीखिए। काम में मजा आने लगेगा। हो सकता है कि आपकी उपलब्धि औरों के लिए बड़ी न हो लेकिन आपके लिए इसका बहुत महत्व है इसलिए खुद की पीठ थपथपाते रहिए।

एक लड़के को कच्ची उम्र में काम शुरू करना पड़ा। वह पढ़ना चाहता था। लेकिन वह हर शाम थक जाता था। हर रोज वह अपने से कहता "मैं आज शुरू करूंगा," लेकिन शाम होते-होते उसकी हिम्मत जवाब दे जाती थी। एक दिन उसने आकाश में देखा तो लगा चांद में एक चेहरा मुस्करा रहा था। उसे लगा कि वह उसे बिस्तर से उठा रहा है और सड़क पर लगे लैंप पोस्ट तक ले जा रहा है। वह पढ़ने बैठ गया। हर रोज अब वह उस चेहरे की तरफ देखता और सोचता कि अगर ये न होता तो शायद मैं शुरू ही नहीं कर पाता।

स्वयं की पीठ थपथपाना
स्व-प्रेरणा का
सार्थक तरीका है।

डींग हांकना कैसे बंद करें

वो लोग डींग मारते हैं जो औरों का ध्यान अपनी ओर आकर्षित करवाना चाहते हैं। क्योंकि उन्हें यह भरोसा नहीं होता कि लोग उन पर ध्यान देंगे या नहीं। इसीलिए ऐसे लोग अपने बारे में अक्सर और लगातार बातें करते हैं।

डींग हांकना कैसे बंद करें?

हीन भावना को समाप्त कीजिए।

जीत के लिए अपने को तैयार कीजिए।

जब कभी आप शेखी बघारने लगें तो चारों ओर के माहौल पर एक निगाह डालें।

मन में हांकिए।

अकेले में अपनी पीठ थपथपाइए।।?

- **हीन भावना समाप्त कीजिए**

पहले आप डींग मारने के बारे में सोचते हैं। जब हमें यह महसूस होता है कि तरक्की नहीं कर रहे हैं तो हम बातें बनाकर उस कमी को पूरा करना चाहते हैं। लेकिन उससे बात नहीं बनती है।

खुद के बारे में बातें करके कोई अपनी छवि नहीं सुधार सकता।

हीन भावना समाप्त करने के लिए

कभी

मत सोचिए कि

आप सर्वश्रेष्ठ हैं

हमेशा यह सोचिए कि

आप किसी से कम नहीं

Never think
"I am the best"
But Always think
"I am Second to none."

हर आदमी अनूठा होता है। उसका दुनिया को योगदान भी अभूतपूर्व होता है। अपनी पूरी ऊंचाई पर खड़े होइए लेकिन यह मत चिल्लाइए कि मेरा कद ऊंचा है, मेरा कद ऊंचा है...।

- **जीत के लिए तैयार रहिए (Prepare to Win)**

आपका काम आपकी बात से ज्यादा वजन रखेगा। अपने को जीत के लिए तैयार रखिए। खाली जीत की बात मदद नहीं करेगी।

विजेता हाँकते नहीं हैं, जीत की तैयारी करते हैं

लोग शब्दों पर तब तक यकीन नहीं करते जब तक कि उनके साथ प्रमाण न हो और प्रमाण को शब्दों की आवश्यकता नहीं है।

क्या शेक्सपियर, गांधी, मंडेला या नवरातिलोवा ने कभी अपनी बड़ाई करने की जरूरत महसूस की होगी। कभी नहीं।

अंतत: परिणाम ही बोलता है,

यदि परिणाम महान होगा।

तो हर व्यक्ति बोलेगा

यदि प्रयास महान होंगे

तो कुछ लोग बोलेंगे

लेकिन यदि आप ही उनके

बारे में बताना शुरू कर देंगे

तो सारे चुप हो जाएंगे।

● **शेखी बघारते समय चारों ओर देखिए (Watch the ambience while you brag)**

"मैं जिन्दगी में कभी देर से नहीं पहुंची।" आज जैसे ही निकलने लगी, वैसे ही एक फोन आ गया। लोग भी अजीब होते हैं। बात शुरू करेंगे तो खत्म करने का नाम ही नहीं लेंगे। कोई मुझे न्यौता देना चाहता था।

आखिर मुझे स्वीकार करना ही पड़ा।" वह बोली।

उस महिला की बात सुनकर पास बैठी अन्य महिलाएं हल्के-हल्के मुस्करा रही थीं। एक ने तो दूसरे को कोहनी भी मार दी।

एक ने पूछ ही लिया, 'किसका फोन था, मैडम?' उसकी आवाज में मजाक ज्यादा था गंभीरता कम।

'अरे कोई एन.जी.ओ. वाले थे। नाम याद नहीं।' जाहिर है वह झूठ बोल रही थी।

सबने फिर सिर हिलाया मानो सब कुछ जानती हों।

लेकिन वो बाज नहीं आई। कहने लगीं, 'वे एक अमेरिकी शिष्टमंडल के लिए आयोजित समारोह में मुझे मुख्य अतिथि बनाना चाहते थे। लोग अक्सर ही मुझे ऐसे परेशान करते हैं। अब हर कहीं जाया तो नहीं जा सकता न।'

सब लोग फुसफुसाने लगे। कुछ की हंसी छूटने ही वाली थी।

लेकिन श्रीमती शेखू अपने में ही मस्त थीं। इतनी मस्त थी कि उन्हें लोगों के हाव-भाव समझ ही नहीं आ रहे थे।

जब लोग हांकते हैं तो सुनने वालों की आंखों को देखना चाहिए। उनमें व्यंग्य दिखाई देगा। कहीं से कोई कोहनी हिलेगी, कहीं से कोई सुगबुगाहट सुनाई देगी। कुछ लोग तन जाएंगे। ये सब इशारे हैं कि लोग हकीकत जान रहे हैं।

अगली बार जब आपका मन हांकने को करे आप अपनी आंखें दूसरों की आंखों की दिशा में मोड़ कर देखिए आपकी जुबान अटक जाएगी। लोगों के चेहरों पर लिखा दिखाई देगा, 'बनिए मत, हम सब जानते हैं।'

डींग मारते समय यदि लोग इस तरह की फब्तियां कसें 'वाह क्या बात है', 'मज़ा आ गया', 'आपका जवाब नहीं' तो समझ लीजिए आपकी पोल खुल गई है।

केवल चमचे ही आपकी ऐसी बातें सुनकर दाद देते हैं। इसलिए लोगों के हाव-भाव को समझना बहुत जरूरी है।

● **मन ही मन हांकिए (Brag within)**

जब कभी हम भाषण के लिए बुलाए जाते हैं तो घर पर पहले अभ्यास करते हैं। अपनी बातों को सार्वजनिक तौर पर कहने से पहले मन में उन पर विचार कर लेना चाहिए। यदि शेखी मारने से पहले भी यह अभ्यास शुरू कर दें तो कई परेशानियों से बचा जा सकता है।

जब आप मन ही मन शेखी बघारेंगे तो विश्लेषण कर पाएंगे कि अगर कोई और आपके सामने ऐसे हाँके तो आप कैसा महसूस करेंगे। अगर आपको लगता है कि आपको दूसरे का हांकना नागवार गुजरेगा तो ये आपको हांकने से रोकने के लिए काफी है।

● **अपनी पीठ ठोकिए लेकिन अकेले में (Give yourself a pat in private)**

खुद को प्रेरित करना जरूरी है लेकिन सार्वजनिक तौर पर नहीं। जब कभी आप डींग मारना चाहें तो अपने शब्दों को नापिए, तोलिए, रियाज कीजिए। केवल अपनी तारीफ मत करिए क्योंकि उसे कोई नहीं सुनना चाहता।

लोगों के सामने अपनी तारीफ करने से बचिए वर्ना लोग आपसे कतराने लगेंगे।

स्वयं पर दया करने से कैसे बचें

स्वयं पर दया करने से कैसे बचें

जाने भी दीजिए।

खुद का वास्तविक आकलन कीजिए।

आत्मसम्मान को बढ़ाइए।

एक आठ साल का लड़का बेकरी पर पहुंचा। ताजा बिस्कुट देखकर उसके मुंह में पानी आ गया। वो पेस्ट्री खाना चाहता था और केक भी। उसके मुंह से लार टपकने वाली थी। उसने सामने कीमतें देखी तो भाग खड़ा हुआ। लेकिन उसके मन में जो स्वाद जम गया था। वह उसे कभी नहीं भूल पाया।

15 साल का एक लड़का क्लब में टेनिस खेलनेवाले लोगों से दोस्ती करना चाहता था। वे लोग बहुत अच्छी-अच्छी बातें करते थे। नाच-गाने के बारे में, राजनीति के बारे में, वो उनमें शामिल होना चाहता था। लेकिन उसकी अंदर जाने की हिम्मत नहीं होती थी। उसे अंग्रेजी नहीं आती थी। वो उन कदमों को नहीं भूल पाया जो चाहकर भी अंदर नहीं जा पाए।

एक नवयुवक 21 वर्ष की उम्र में पहली बार रेलगाड़ी पर बैठा। डिब्बा

खचाखच भरा हुआ था। लोग सब तरफ से एक-दूसरे को धकेल रहे थे। पास खड़े आदमी के शरीर की गंध उसे परेशान कर रही थी। लोग उस पर झुके जा रहे थे। उसे अगले डिब्बे से उतरते हुए आदमी दिखलाई दिये जिसकी दाढ़ी बनी हुई थी। कपड़े बड़े सलीके के थे। जूते भी चमचमा रहे थे। वह नवयुवक उस तमाम रेल-पेल के बावजूद उस भीड़ में फैली दुर्गन्ध को नहीं भूल पाया।

मेरी उम्र 55 साल की है। मैं इस साल रिटायर हो जाऊंगा। मैंने बाकी जिन्दगी के लिए काफी पैसा जमा कर लिया। मैंने अपनी जिन्दगी ठीक-ठाक जी। मैं डाक विभाग में काम करता था। अब मैं बिल्कुल मुक्त हो जाऊंगा। सोचने, काम करने और आनंद लेने के लिए।

मैं ही वो लड़का हूं

अब मेरे सामने दो विकल्प हैं। सारी पेस्ट्रियों का स्वाद चखूं। अंग्रेजी के अखबार पढ़ूं। अंग्रेजी सुधारूं और टेनिस खेलूं। जब मौका मिले फर्स्टक्लास में बैठ कर सारी दुनिया की सैर कर आऊं।

दूसरा विकल्प है, कि उन घटनाओं को कभी न भूलूं और सारी जिन्दगी कुढ़ता रहूं।

जब भी कभी मैं मिठाई के टुकड़े को हाथ में लेकर उसका स्वाद महसूस करता हूं, तो वह दिन याद करके मेरा जायका बिगड़ जाता है।

जब भी मैं किसी से आराम से बात करता हूं मैं उन कदमों के बारे में सोचता हूं। मेरी आवाज रुक जाती है।

जब भी मैं कभी सफर पर जाने की सोचता हूं तो उस रेलगाड़ी का डिब्बा मुझे लगभग रुला देता है।

पहला विकल्प आजादी की ओर जाता है।

दूसरा विकल्प बंधनों में जकड़ देता है।

पहला भविष्य की ओर देखने का भाव है, जबकि दूसरा अतीत में खोए रहने का। पहला अपना कर मैं खुद को सलाम करता हूं। दूसरे के बारे में सोच कर मैं हीन भावना से भर जाता हूं।

सोचने की जरूरत है। बेहतर क्या है।

निश्चित रूप से पहला विकल्प। हमें सीखना होगा कि पहला रास्ता कैसे अपनाएं। लेकिन उससे पहले जरूरत है यह सीखने की कि दूसरे मार्ग पर कैसे न जाएं।

- **खुद पर दया से कैसे बचें? (How not to pity oneself?)**

जाने भी दीजिए।

कई बार प्रयोग करने के बावजूद जब एडीसन फेल हो गया तो अखबार वाले ने उससे पूछा, 'अपने जीवन के इन एक हजार असफलताओं के बारे में आपकी क्या राय है?'

एडीसन का जवाब था, 'मैंने यह सीखा कि प्रयोग न करने के हजार तरीके कौन से हैं।'

एडीसन ने कोशिश की और लगातार प्रयोग करता रहा। वह अपनी असफलताओं से हार मानकर नहीं बैठा।

निराशा और कुंठा को कभी घर न करने दें। अनुभवों से सीखिए, असफलताओं को अपने से जकड़ने मत दीजिए। जीवन में कटुता के लिए कोई स्थान नहीं है।

नाकामयाबियों को बैसाखी नहीं बनाइए उनका उपयोग सफलता की सीढ़ी की तरह कीजिए

● **खुद का वास्तविक आकलन कीजिए (Treat yourself realistically)**

यदि दूसरे लोग आपकी गलतियों को गंभीरता से न लेकर आपको पुचकार देते हैं तो आप भी ऐसा ही करने लगते हैं।

यदि आप रोज 10 घंटे सोते हैं और यह कह कर अपने को तसल्ली देते हैं कि `कोई बात नहीं, मैं थक जाता हूं' तो आप भूल कर रहे हैं। वक्त पर उठने की आदत डालिए। जीवन बदल जाएगा।

जब आप पहली बार पीछे रह जाते हैं
तो आप स्वयं से कहते हैं ***कोई बात नहीं***
जब आप दूसरी बार पिछड़ जाते हैं
तो आप कहते हैं ***मुकाबला कड़ा था।***
जब आप तीसरी बार पिछड़ जाते हैं
तो आप कहते हैं ***सितारे गर्दिश में हैं।***
जब पिछड़ना आपकी आदत बन जाती है
तो आप कहते हैं ***मैं हूं ही ऐसा।***

हम खुद को सहलाते रहते हैं। बहाने बनाते रहते हैं और अंततः खुद पर दया करने लगते हैं।

● अपने आत्मविश्वास को जगाइए (Develop your self esteem)

खुद पर दया करना एक अपराध है

यह बर्फ को पत्थर बना देता है।

(Self Pity is a crime.

Turning snow into grime.)

खुद पर बेमतलब आंसू मत बहाइए।

अमेरिका में एडि लोवेट नामक एक किसान रहता था। पढ़ा तो वह छह जमात था लेकिन उसके मन में कोई हीन भावना नहीं थी वह अपने नाम के आगे लिखता था Eddie Lovett, Poly Histor। पोली हिस्टर अनेक विषयों का ज्ञाता का ग्रीक शब्द। उसने खेत-खलिहानों से लेकर अनेक स्थानों पर बेहद काम किया। सीखना उसकी आदत में शुमार हो चुका था। बचत के पैसों से वह किताबें खरीद लेता था। देखते ही देखते उसके पुस्तकालय में 40,000 किताबें जमा हो गईं। उसने ढेर सारी मुसीबतों का सामना किया था।

उसके पिता बचपन में ही उसे छोड़ चल बसे थे।

वह अपनी पढ़ाई पूरी न कर पाया।

कुछ दिन फौज में भी रहा।

उसकी पत्नी 12 साल के भीतर पांच बच्चे देकर चल बसी।

फिर भी उसने अरस्तू से लेकर शेक्सपियर तक को पढ़ा था।

एडी को कभी इस गम ने नहीं सताया कि वह अशिक्षित किसान था। आज उसके द्वारा छोड़ी गई फीनिक्स लाइब्रेरी में उसकी किताबें उसका जीवित स्मारक हैं।

जहां बुद्धिमता नहीं है, वहां खुशी नहीं। बुद्धिमता लोगों को सिखाती है कि अपने पहले कदम के पहले, दूसरा मत उठाईए, यह सिखाती है कि कुछ काम ऐसे होते हैं जो हम नहीं कर सकते।

- कहते हैं एडी लोवेट।

आपके पास जो है
उसे मांझिए।
जो नहीं है
उसे भूल जाइए।

खुद को पहचानिए। भीतर झांकिए कि आप क्या कर सकते हैं। बाकी सब भूल जाइए।

याद रखिए जब आप हांकते हैं या अपने पर दया दिखाते हैं तब न आप अपना भला करते हैं न दूसरों का।

प्रगति अवरोध (Stagnation) से कैसे बचें

वर्तमान में जिएं।

जिज्ञासा पैदा करें।

सृजनशीलता को तराशें।

● **वर्तमान में जिएं (Live in the present)**

आम बात है कि हम उसे ज्यादा पसंद करते हैं जो बीत चुका होता है। यह निराशा को जन्म देता है। वर्तमान को नष्ट करता है।

लोग अतीत की जुगाली करते रहते हैं। उन्हें पिछली बातों में मजा आता है। वे गुजरे कल और आज को नापते-तोलते रहते हैं। उन्हें अतीत की बातें ज्यादा पसंद आती हैं।

जवान गुजरे कल को पसंद करते हैं क्योंकि बचपन मासूम होता है।

बूढ़े गुजरे कल को पसंद करते हैं क्योंकि जवानी में जोश होता है।

आम बात है कि हम उसे ज्यादा पसंद करते हैं जो बीत चुका होता है। यह निराशा को जन्म देता है। वर्तमान को नष्ट करता है।

आज में जीना शुरू करिए वही सबसे ज्यादा महत्वपूर्ण है।

हर दिन को एक नई शुरुआत मानिए

हर दिन को कार्य क्षेत्रों में बांटिए।

हर घंटे को एक काम दीजिए।

हर काम का परिणाम निर्धारित कीजिए।

आज में जीना ऊर्जा देगा, गति देगा।

- **उत्सुकता पैदा कीजिए (Develop Curiosity)**

मेरे छह नौकर ईमानदार नौकर हैं। उन्होंने मुझे सब कुछ सिखाया है। उनके नाम हैं-क्या, क्यों, कब, कैसे, कहां और कौन।

- रूडयार्ड किपलिंग

एक बच्चा धरती का सबसे उत्सुक प्राणी होता है। उसकी दुनिया सात आश्चर्यों में सीमित नहीं होती। उसकी दुनिया में सात करोड़ अचम्भे होते हैं।

एक बच्चा धरती का सबसे उत्सुक प्राणी होता है। उसकी दुनिया सात आश्चर्यों में सीमित नहीं होती। उसकी दुनिया में सात करोड़ अचम्भे होते हैं।

उसकी आंखों में सवालों की चमक होती है। छोटी-छोटी बातों का रहस्य वह खोलना चाहता है। सवाल उनके मुंह से फूलों की तरह झड़ते हैं।

जैसे-जैसे हम बड़े होते हैं हमारी आंखों पर तथाकथित ज्ञान का पर्दा ढकने लगता है। हमारी नाक बेमतलब सूंघना बंद कर देती है। हमारे होंठ सिल जाते हैं।

जिज्ञासा नहीं
तो तरक्की नहीं
Don't be curious
Don't progress

यदि एक संगीतकार पहिये में पंक्चर लगाए तो...।
यदि हास्य कवि वीर रस का गाना गाए तो...।
अगर फिल्मी सितारा जानबूझ कर छुप जाए तो...।
यही है जिज्ञासा।

दूसरों पर फतवे कसने से कैसे बचें?
(How not to be judgemental)

दूसरों के बारे में उपदेश देना गलत बात है।

पर इससे बचे कैसें?

लचीले बनिए।

फिजूल का उपदेश मत दीजिए।

जल्दबाजी मत करिए।

आप उन्हें प्यार दे सकते हैं
लेकिन विचार नहीं।
विचार उनके पास हैं।
आप उनके सिर पर छत दे सकते हैं।
उनकी आत्माओं को नहीं ढंक सकते।
क्योंकि उनकी आत्माएं भविष्य में विचरण करती हैं।
जहाँ आप नहीं पहुंच सकते
अपने ख्वाबों में भी नहीं।

- खलील जिब्रान
(बच्चों के बारे में)

यह बात सब पर लागू होती है।

हर प्राणी समान रूप से पैदा होता है।

हम राय रख सकते हैं, फैसला नहीं दे सकते।

हम सब अलग ढंग से सोचते हैं। हमारी राय भिन्न होती हैं।

लेकिन इसका यह अर्थ नहीं कि हम दूसरों पर छींटाकशी करना शुरू कर दें। कोई हमें यह अधिकार नहीं देता। वैसे हम राय रख सकते हैं, फैसला नहीं दे सकते।

इससे कैसे बचा सकता है?

- **लचीले बनिए**

रिश्ते लहरों की तरह होते हैं। उनमें अन्तराल से उतार-चढ़ाव आते रहते हैं।

जब हम फैसले देते हैं तो उसका अर्थ है कि हम बदलने के प्रति इच्छुक नहीं हैं।

लोगों के बारे में राय वक्त और स्थिति के हिसाब से बदल सकती है। व्यक्ति बदलता है और उसके बारे में राय भी बदलती है। परिपक्वता हमारी राय और विचार भी परिपक्व करती है।

मंत्तव्यों में बदलने की गुंजाइश होती है लेकिन अंतिम फैसलों के दरवाजे बन्द होते हैं। इसीलिए वे हमारे लिए परेशानी पैदा करते हैं।

दो दोस्त थे। एक कवि दूसरा पहलवान। एक बार पहलवान ने कवि से एक काव्य संग्रह मांगा। कवि ने सोचा ये क्या समझेगा। उससे पूछा, 'क्या कहा, काव्य संग्रह?' और वह हंसा लेकिन उसने किताब दे दी।

पहलवान बुरा मान गया।

'कितना अहंकारी आदमी है। समझता है इसे ही सब कुछ पता है।' पहलवान बहुत दु:खी था।

कुछ दिन बाद पहलवान को एक दंगल में जाना था। उसने आयोजकों से कहा कवि को मुख्य अतिथि बना दो। बड़ा मजा आएगा।

जब कवि मुख्य अतिथि की कुर्सी पर बैठा तो पहलवान ने जाकर उससे कहा, 'दंगल के मुख्य अतिथि बने हो? क्या बात है?'

कवि भुनभुनाया, 'क्या समझता है अपने आपको? ऊपर की मंजिल तो खाली है फिर भी दंभ का जवाब नहीं।'

दोनों की दोस्ती खत्म हो गई।

जब उनकी एक दूसरे के बारे में केवल राय थी वे अच्छे दोस्त थे। जिस दिन उन्होंने एक दूसरे के बारे में फैसला देना शुरू कर दिया उनकी राय मर गई।

बाद का जीवन उनके फैसलों की जुगाली में बीता।

- **निर्णयों की घोषणा से बचिए (Just avoid declaring judgements)**

अपने निर्णयों को घोषित मत कीजिए, क्योंकि हो सकता है जिसे आप बेहद सलीके वाला और तमीज़दार इन्सान घोषित करें, संभव है कि एक दूसरों हेतु इसके बिलकुल विपरीत हो। दूसरों के बारे में कटु शब्द इस्तेमाल मत कीजिए। बेमतलब तारीफ भी मत कीजिए।

हमें चाहिए कि हम किसी खास परिस्थिति या व्यवहार पर तो राय दें लेकिन व्यक्तियों के बारे में नहीं।

- **जल्दबाजी मत करिए (Never hurry up)**

लोग अक्सर कहते हैं, पहला प्रभाव ही अंतिम होता है लेकिन वर्तमान दुनिया इस कथन को झुठलाती है।

जब हम किसी व्यक्ति से पहले से निश्चित कार्यक्रम के अनुसार मिलते हैं तो पहला प्रभाव तैयारशुदा होता है। सब अच्छा प्रभाव बनाने की पूरी कोशिश करते हैं। यह नैसर्गिक नहीं होता इसलिए पहली मुलाकात में बनाई गई राय सही भी हो सकती है, गलत भी। पहली मुलाकात में किसी का भी असली चेहरा जानना असंभव है।

राय कायम रखने में
जल्दबाजी मत करिए।
वह गलत भी सिद्ध हो सकती है।
फैसला तो कभी मत दीजिए।
यह कभी सही नहीं होगा।

सूत्रधार

पिछले अध्यायों में आपने सीखा

एक असफल व्यक्ति क्या सोचता है

ताकि आप वैसा न सोचें

एक असफल व्यक्ति क्या करता है?

ताकि आप वैसा न करें

आप जान चुके हैं कि

एक असफल व्यक्ति कैसा होता है

ताकि आप वैसा न बने

अब इस अध्याय में

हम यह बताने की कोशिश करेंगे कि

सफलता क्या है और क्या नहीं है

आईए आगे बढ़ते हैं...

सहज सफलता (Success Simplified)

आपको याद होगा आप बचपन में पहेलियां बुझाया करते थे।

दो तस्वीरें एक जैसी दिखाई देती थीं लेकिन उनमें कुछ फर्क होता था। बचपन में आपसे कहा जाता था उन अंतरों का पता लगाइए।

कितना मजा आता था। 10 या 15 गलतियां ढूंढ़ लेना उपलब्धि का अहसास कराती थी।

काश! हम ऐसी पहेलियां जीवन भर बुझा सकें और वही खुशी फिर हासिल कर सकें, उपलब्धि के अहसास के साथ।

लेकिन न तो जीवन उन तस्वीरों जितना आसान है और न ही हम तस्वीरों में दिखाई गलतियों की तरह स्पष्ट हैं।

हर आदमी एक पहेली है। हर आदमी एक दूसरे से अलग हैं।

लेकिन एक बात साझी है-हम सब खुश और सफल होना चाहते हैं।

हर आदमी एक पहेली है। हर आदमी एक दूसरे से अलग हैं। लेकिन एक बात साझी है-हम सब खुश और सफल होना चाहते हैं।

पिछले अध्यायों में हमने सीखा कि लोग अलग-अलग हैं और अपने-अपने तरीके से असफल हैं।

हमने जाना वे क्या करते हैं और हमें उससे कैसे बचना चाहिए।

हमने यह भी देखा कि वे क्या कहते हैं और उनसे कैसे कतराना चाहिए।

हमने यह भी पढ़ा कि वे लोग कैसे हैं और उन जैसा कैसे नहीं बनना चाहिए।

असफल न होने का अर्थ सफल होना नहीं है। हम सब लोग केवल असफल लोगों के बारे में जानकर सफल होने का दावा नहीं कर सकते। हमने अब तक केवल असफल लोगों के बारे में जाना है। आइए असल में सफल लोगों और सफलता के बारे में जानें।

मुझे फूलों से प्यार है।
मुझे फूल अच्छे लगते हैं।
लेकिन मैं नहीं चाहती कि तुम मुझे एक बगीचा दे दो।
मैं चाहती हूं कि तुम मुझे राह दिखाओ
पंखुड़ियों तक पहुंचने की।
मैं चाहती हूं कि तुम मुझे दो
वह उत्साह जो उन पंखुड़ियों में रंग भर दे।

मुझे सफलता की चाह है
मुझे सफलता से प्यार है।
लेकिन मैं नहीं चाहती कि तुम मुझे ऊंचा उठाने के लिए कोई सहारा दो
मैं चाहती हूं कि तुम मुझे एक नजरिया दो
कोशिश करने का।
मैं चाहती हूं कि तुम मुझे आजादी दो
अपनी गलतियां करने की और
अपनी राह खुद ढूंढ़ने की।

सफलता में चार अक्षर होते हैं। हमें यह अक्षर बहुत पसंद है। हम चाहते हैं कि हम अपनी सफलता को स्वयं अर्जित करें।

सफलता में चार अक्षर होते हैं। हमें यह अक्षर बहुत पसंद है। हम चाहते हैं कि हम अपनी सफलता को स्वयं अर्जित करें।

हम सब सफल होना चाहते हैं। लेकिन इसके मायने हम सबके लिए अलग-अलग हैं। आइए अपने-अपने मायने खोजें। पहले जानने की कोशिश करें कि सफलता क्या नहीं है।

तीन लोग मैराथन में भाग ले रहे थे। एक अपनी सहनशक्ति परखना चाहता था और वह अपनी उम्मीद से ज्यादा तेज भाग सका। दूसरा अपने पिछले रिकार्ड को तोड़ना चाहता था और उसने तोड़ भी दिया। तीसरा पहली बार मैराथन में भाग ले रहा था। वह केवल दौड़ को पूरा करना चाहता था। तीनों सफल थे। हालांकि किसी को भी मैडल नहीं मिला।

शायद सफलता का अर्थ है इच्छित वस्तु को प्राप्त करना। अपनी कामनाओं की पूर्ति।

यदि ऐसा ही है तो शायद गरीब आदमी की सफलता है अमीर होना। लेकिन यदि वह गलत तरीके से अमीर बन जाता है तो क्या आप उसे सफल कहेंगे। वह खुद की निगाहों में सफल हो सकता है लेकिन औरों की नहीं।

विक्टर ह्यूगो को एक कवि, उपन्यासकार, नाटककार, आलोचक और नेता के रूप में जाना जाता है। 14 वर्ष की उम्र मे वो अनगिनत कविताएं लिख चुका था। 21 वर्ष की उम्र तक उसने लेखक के रूप में नाम कमा लिया था। उसकी किताबें सुबह छपती थीं, दोपहर तक सारी बिक जाती थीं।

ह्यूगो की साहित्यिक क्षमता अतुलनीय थी लेकिन औरत उसकी कमजोरी थी। पैसों के बारे में भी उसका रवैया अजीबो-गरीब था। उसके पास बेशुमार पैसा था लेकिन वह चाहता था कि उसकी पत्नी एक-एक पैसे का हिसाब रखे।

उसकी महबूबा, रात-दिन उसकी पांडुलिपियों की प्रतियां तैयार करती रहती थी। लेकिन यदि वह उससे बिना पूछे पाउडर या नया कोट खरीद लेती तो वह आगबबूला हो जाता।

वह एक मशहूर लेखक था।

लेकिन क्या वह एक सफल इंसान भी था। जरा सोचिए।

इसका अर्थ ये हुआ कि जो मुश्किल होता है उसे प्राप्त करना सफलता है। लोगों की निगाह में आप बड़े बन सकते हैं, पर शायद अपने करीबी लोगों की निगाह में आप छोटे ही रहते हैं। यदि यह सही है तो क्या हर लोकप्रिय व्यक्ति को सफल कहा जा सकता है?

मशहूर ब्रिटिश उपन्यासकार जैफ्री आर्चर ने बहुत सारे पठनीय उपन्यास लिखे। पाठकों की निगाह में वो महान लेखक थे लेकिन उसके कारनामे और लोगों के साथ किए गए अन्याय दूसरी ही कहानी बताते हैं।

क्या आप इसे सफल कहेंगे?

एक आम आदमी किसी की सफलता को आंकने के लिए दो पैमाने इस्तेमाल करता है-

(क) उसके पास ढेर सारा पैसा हो, और

(ख) वह मशहूर हो।

क्या सबसे बड़ा रुपैया?
(The Money Mania)

अधिकांश लोग व खासकर मूलतः (Raw) और शाही (Sophisticated) असफल पैसे को दुनिया की सबसे बड़ी ताकत मानते हैं। वे मोटे बैंक बैलेंस वालों से खौफ खाते हैं। उन्हें डिजाइनर कपड़े और शान-शौकत चकाचौंध करती है।

लोग सोचते हैं पैसे से आप सब कुछ खरीद सकते हैं व्यक्तियों को भी, कोई भी काम करवा सकते हैं और इससे उनका रुतबा और बढ़ जाता है।

आप किसी से पूछ कर देखिए, "बिल गेट्स कौन है?" अधिकांश लोग कहेंगे वह दुनिया का सबसे अमीर आदमी है। लेकिन क्या यही उसकी पहचान है। बिलगेट्स वो आदमी है जो अपनी कल्पनाओं को बहुत तेज और ऊंची उड़ान देता है और परिणाम भी देता है।

उसने जो पैसा कमाया है वह उसकी सोच का परिणाम है।

क्या बिल सफल है? अगर हां, तो क्या वह इसलिए सफल है कि उसके पास ढेर सारा पैसा है? कतई नहीं।

हम पैसे और सफलता को एक साथ तोलते हैं इसलिए हम हर कीमत पर धनी होना चाहते हैं। इस बात से कोई फर्क नहीं पड़ता कि वह पैसा सही तरीके से कमाया गया या गलत तरीके से।

अगर पैसे की उत्पत्ति के बारे में बात करें तो पैसा किसी भी व्यक्ति की योग्यता के उपयोग से उपजता है।

अगर पैसे की उत्पत्ति के बारे में बात करें तो पैसा किसी भी व्यक्ति की योग्यता के उपयोग से उपजता है।

पैसा कमाना कोई गलत बात नहीं है। यह पाप भी नहीं है। यह गुण है। लेकिन पैसा प्रयासों के अनुकूल होना चाहिए। हर आदमी अजीम प्रेमजी नहीं हो सकता। उसने जो कुछ हासिल किया वह अपनी योग्यता के भरपूर इस्तेमाल से। वह इसलिए सफल है क्योंकि उसके पास विचार थे और क्रियाशीलता थी, इसलिए नहीं कि उनके पास पैसा है।

मेरी राय में महारानी एलिजाबेथ या ब्रुनई का सुल्तान सफल नहीं है। उन्होंने धन विरासत में पाया। उनके पास पैसा है लेकिन उन्होंने उसे कमाया नहीं है। उन्हें पैदाइशी मिला। इसमें उनका दिमाग, उनकी योग्यता ने नहीं वरन् उनके जन्म ने साथ दिया।

बहुत सारे ऐसे बनावटी सफल लोग होते हैं जो अपनी धन के बलबूते पर अपने को सफल मानते हैं।

मैं किसी सरकारी अधिकारी को सफल नहीं मानती क्योंकि उसके पास पैसा है। क्योंकि अक्सर वह पैसा उसने गलत तरीकों से बनाया हुआ होता है।

मैं ऐसे किसी सरकारी अधिकारी को सफल नहीं मान सकती जिसने अपने हक से अधिक पैसा कमाया हो।

पैसे को प्यार कीजिए लेकिन केवल उस पैसे को जो आपने ईमानदारी से कमाया हो।

उस पैसे पर गर्व कीजिए जो आपने अपने दिमाग से बनाया हो। आपको केवल उसी पैसे को अपना कहना चाहिए जो आपकी योग्यता से उपजा हो। वही संपत्ति आपको सफल बनाएगी।

जो व्यक्ति पैसे की कद्र नहीं करता, उसने वह पैसा इज्जत से नहीं कमाया होगा। जो उसका मान करता है उसने उसे वास्तव में अर्जित किया होता है।

- आइन रैंड

सफल होने के लिए दूसरे का बैंक बैंलेंस मत देखिए। जो ज्यादा पैसा कमाता है उससे ईर्ष्या मत कीजिए। अपनी योग्यता के हिसाब से अपना बैंक बैंलेंस बढ़ाते रहिए। अगर आपको और पैसा चाहिए तो अपनी योग्यताओं को बढ़ाइए। उन रास्तों को मत खोजिए जो अनाप-शनाप पैसा दिखाते हैं। ऐसा पैसा आपको न खुशी देगा और न तसल्ली। लोग आपको सफल समझ सकते हैं लेकिन यदि आपने पैसा मेहनत से नहीं कमाया होगा तो आप कभी अपनी खुद की इज्जत नहीं करेंगे।

घातक प्रसिद्धि (The Fatal Fame)

प्रसिद्धि सफलता का पर्याय मानी जाती है। लोग महसूस करते हैं कि जो व्यक्ति प्रसिद्ध होता है वही सफल होता है। नितान्त असफल लोग सुर्खियों में आनेवाले लोगों को सफल मानते हैं। जो लोग ओसामा बिन लादेन को जानते हैं उनकी तादाद किरण बेदी को जाननेवाले लोगों से अधिक है। मेडोना को जानने वाले लोगों की तादाद एम. सुब्बा लक्ष्मी को जाननेवालों से अधिक है। क्या कुछ समझ आया?

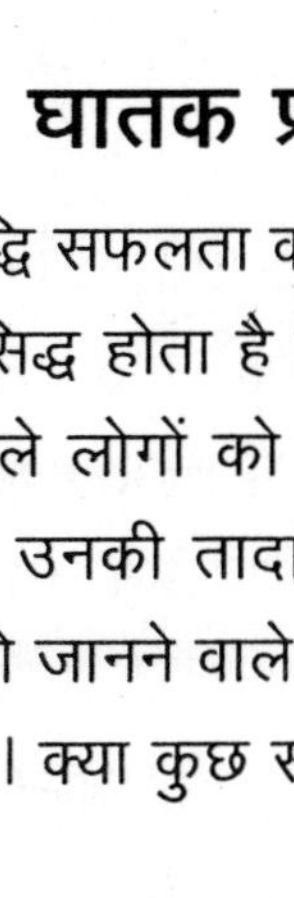

बदनामी (Notoriety) भी तो प्रसिद्धि देती है, और वो ज्यादा स्थाई होती है।

क्या प्रसिद्धि किसी व्यक्ति को योग्यता के अनुपात में मिलती है? नहीं।

लोग लता मंगेशकर को बहुत चाहते हैं। वह सारी दुनिया में जानी जाती हैं। लेकिन क्या वे सबसे ज्यादा प्रतिभाशाली हैं? एक बार टी.वी. पर सा रे गा मा कार्यक्रम देखते हुए मैंने एक अंधी लड़की को वाद्य और गायन दोनों में माहिर देखा। निर्णायकों ने भी स्वीकार किया कि वह लड़की उनसे अधिक निपुण थी।

मैं यह नहीं कह रही हूं कि वह लता मंगेशकर से ज्यादा महान गायिका है। लता के पास उनका अनुभव है। उन्होंने 25000 से ज्यादा गाने गाए हैं। लेकिन उस अंधी लड़की को भी बेहद सराहा गया। फिर भी वह मशहूर नहीं है।

आप ध्यान से देखें तो हिन्दी फिल्मों में छोटे-मोटे नर्तक नायक-नायिकाओं से बेहतर नाचते हैं। लेकिन वे प्रसिद्ध नहीं होते। वो दो-चार क्षणों में परदे से चले जाते हैं। हम उन्हें याद भी नहीं रखते। अगली बार नई फिल्म जरा ध्यान से देखिएगा, आपको पता लगेगा हम क्या कह रहे हैं।

निष्कर्ष यह निकला कि योग्यता और प्रसिद्धि में कोई ताल-मेल नहीं क्योंकि कम प्रतिभाशाली लोग अधिक प्रसिद्ध हो सकते हैं।

क्योंकि प्रसिद्धि को हासिल करने के लिए
कई खूबियों का सम्मिश्रण आवश्यक है।

प्रसिद्धि = प्रतिभा + प्रचार + अवसर

Fame = Talent + Self Marketing + Opportunity

> ***जिन लोगों के पास प्रतिभा ज्यादा होगी लेकिन प्रचार और अवसर नहीं मिलेंगे तो वे शायद कभी प्रसिद्ध न हो।***

जिन लोगों के पास बेहद प्रतिभा होती है कई बार उन्हें अवसर नहीं मिलते और लोग उन्हें नहीं जान पाते। जिनके पास योग्यता होती है कई बार वे स्वयं का विपणन नहीं कर पाते। वह जमाना और था जब देसी गुलाब या असली हीरे की बहुत कद्र की जाती थी। अब तो जौहरी भी हीरे की कीमत नहीं पहचानते। नकली फूल खूबसूरत कागजों में लपेटकर ज्यादा ग्राहकों को आकर्षित करते हैं। लोग असली हीरों के मुकाबले अमरीकी हीरे ज्यादा खरीदते हैं। जिनके पास असली हीरे होते हैं वे भी अमरीकी हीरे रखना अधिक पसंद करते हैं। जिन लोगों के पास प्रतिभा ज्यादा होगी लेकिन प्रचार और अवसर नहीं मिलेंगे तो वे शायद कभी प्रसिद्ध न हो। भारत को देखिए, यहां बहुत क्षमताएं हैं, अनेक पर्यटन स्थल हैं, एक सांस्कृतिक विरासत है लेकिन उसने अपना विपणन करना नहीं सीखा। भारत के बारे में उट-पटांग धारणाएं मौजूद हैं। लोग आज भी इसे साधु और सांप का देश मानते हैं।

मैं सुमन कल्याणपुर को प्रतिभाशाली गायिका मानती हूं। कई बार यह पता ही नहीं लगता कि गाना सुमन ने गाया या लता मंगेशकर ने। लेकिन सुमन को लता से आधी प्रसिद्धि भी हासिल नहीं है। शायद उन्होंने अवसरों को भुनाया ही नहीं। दूसरी ओर बहुत सारे कम प्रतिभाशाली लोग केवल प्रचार के बल पर जाने कहां से कहां पहुंच जाते हैं।

बहुत सारे मिमिक्री करने वाले कलाकार हैं लेकिन उसका जवाब नहीं। उसने जैसे अपना विपणन किया वह बेमिसाल है। हिन्दुस्तान लीवर में काम करते हुए वह मुम्बई में पेन बेचा करता था। थोड़ा ज्यादा पैसा कमाने के लिए और लोग भी बेचते थे। लेकिन वो अशोक कुमार की नकल करके अपना स्टॉक जल्दी खत्म कर देता था। उसका नाम है जॉनी लीवर।

शहनाज हुसैन के मुकाबले बहुत कम लोग प्रसिद्ध हैं। उसके पास प्रतिभा भी है और प्रतिभा को वितरित करने की क्षमता TDN (Talent Distribution Network) भी। लोग जानते हैं कि लोगों तक कैसे पहुंचा जाए। सामान कैसे बेचा जाए। मेरा एक प्रिय रेस्तरां है जो कि डोमिनो से बेहतर पिज्जा बेचता है। लेकिन उसके पास डोमिनो का नाम नहीं है।

जिन्हें प्रसिद्धि चाहिए वे प्रतिभा, बाजार और अवसर को समुचित मिश्रण के साथ बेचते हैं।

बाबा आमटे जैसे अनेक लोग हैं जिनकी प्रसिद्धी आज के मुकाबले कहीं ज्यादा होनी चाहिए थी। उन्हें इसकी परवाह भी नहीं क्योंकि उनका लक्ष्य प्रसिद्धि नहीं है। जिन्हें प्रसिद्धि चाहिए वे प्रतिभा, बाजार और अवसर को समुचित मिश्रण के साथ बेचते हैं।

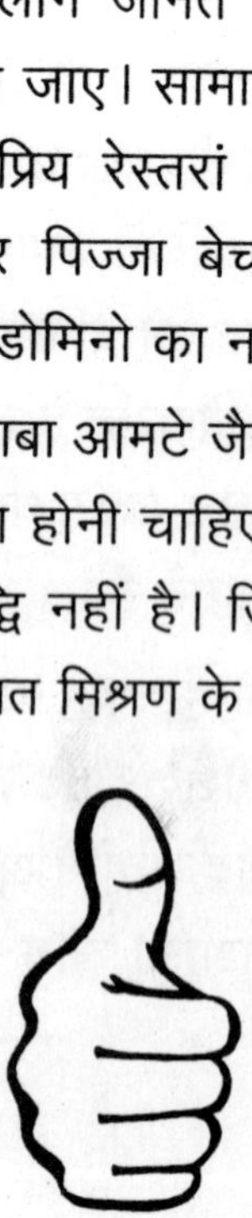

अवसर ईश्वर का पर्याय है
क्योंकि अवसर सर्वशक्तिशाली है
सर्वज्ञ है, सर्वत्र भी।

अनेक अवसर पहचान में नहीं आते क्योंकि कोई उन पर ध्यान नहीं देता। लोग अक्सर शिकायत करते हैं *अगर मुझे मौका मिला होता। अगर मुझे सही वक्त पर मिला होता।* पता नहीं ये लोग सच कह रहे हैं या नहीं। अवसर बारिश की बूंदों की तरह बिखरे रहते हैं। कुछ बड़े कुछ छोटे। कुछ को तो हम कम से कम छू ही सकते हैं यदि आंखें खुली रखें।

मूलतः असफल (Raw failures) लोग सभी अवसरों से अनजान होते हैं। वे एक भी अवसर नहीं पाते जबकि शाही असफल **(Sophisticated Failure)** लोग उन्हें जाने देते हैं क्योंकि वे किसी अवसर को अपने बराबर नहीं समझते। उनकी नकली उदासीनता उन्हें हर अवसर से वंचित कर देती है।

एक फार्मूला है, अवसरों को भुनाने की अपनी क्षमता जानने का। अपने द्वारा की गई कोशिशों की गिनती करिए। (Calculate your EMS-Effort making score)

पहले हम अवसर का इंतजार करते हैं फिर हम उसके खो जाने पर शिकायत करते हैं। आखिर हम अवसरों को प्राप्त करने का कितना प्रयास करते हैं?

क्या हम वास्तव में किसी अवसर का लाभ उठाना चाहते हैं। पहले हम अवसर का इंतजार करते हैं फिर हम उसके खो जाने पर शिकायत करते हैं। आखिर हम अवसरों को प्राप्त करने का कितना प्रयास करते हैं? जो लोग सफलता का मूल्य नहीं जानते उनके पास अवसर भुनाने की क्षमता का नितान्त अभाव होता है।

हमें प्रसिद्धि की परिकल्पना को समझना होगा। प्रसिद्धि के प्रति हमारा दृष्टिकोण गड़बड़ाया हुआ है। जो व्यक्ति आम आदमियों द्वारा प्रसिद्ध माना जाता है वही सफल माना जाता है और

लोग उसकी चमक से चौंधियाए रहते हैं। कुछ को सकारात्मक प्रसिद्धि मिलती है और कुछ को नकारात्मक।

जो लोग कुख्यात होते हैं वे ज्यादा लोगों द्वारा ज्यादा समय तक याद रखे जाते हैं। सब लोग फूलन देवी को जानते हैं लेकिन 26 जनवरी पर जिन बच्चों को बहादुरी का पुरस्कार मिलता है उन बच्चों को कितने लोग जानते हैं। जो लोग किसी न किसी तरीके से मशहूर हो जाते हैं हमारी उनमें दिलचस्पी होती है। हर क्षेत्र में आपको एक भाग्यश्री या एक नरेन्द्र हीरवानी मिल जाएगा।

मेरा प्रश्न है क्या ये लोग अन्यों के मुकाबले में अधिक सफल होते हैं।

प्रसिद्धि कुछ क्षेत्रों में जैसे कि खेल-कूद (खासतौर पर क्रिकेट और टेनिस) या मीडिया (मुख्यत: टी.वी. व सिनेमा) में ज्यादा आसानी से मिल जाती है।

पुराने जमाने के दूरदर्शन के बारे में सोचिए। सलमा सुल्तान, अविनाश कौर सरीन और प्रभजोत कौर वास्तव में प्रसिद्ध थे क्योंकि उनके चेहरे रोज़ लोगों के सामने आते थे। लेकिन क्या उन्हें टाइम्स ऑफ इंडिया के संपादक या आई.आई.एम. अहमदाबाद के प्रमुख से अधिक सफल माना जाएगा। हमें उम्मीद है कि आपको विरोधाभास समझ आ गया होगा।

याद रखिए
प्रसिद्धि और सफलता
तुलनात्मक नहीं है।

सफलता के बारे में प्रचलित धारणाओं पर से पर्दा उठाने के बाद आइए सफलता को परिभाषित करने का प्रयास करें।

असली सफलता की गाथा

सफलता उतनी ही व्यक्तिगत है जितना आपका टूथ ब्रश।

- अज्ञात

निःसंदेह, हमारी सफलता या असफलता हम पर निर्भर करती है क्योंकि सफलता या असफलता महज दो शब्द नहीं, वरन् एक दृष्टिकोण का नाम है।

रद्दी जमा करने वाला सफल है यदि वह ऐसा सोचता है। एक करोड़पति असफल है यदि वह वैसा महसूस करता है।

एक करोड़पति व्यापारी ने कार चलाते समय लाल बत्ती पर ब्रेक लगाई। एक चीथड़ों में लिपटा छोटा बच्चा उसके पास नकली फूल बेचने आया। व्यापारी ने नापसंदगी के भाव से कहा-'चीथड़ों में भी मुस्करा रहे हो?'

लड़का बोला, 'मैं लातूर के भूकम्प से बच कर आया हूं और अभी-अभी एक अनाथालय से छूटा हूं। ज़िन्दगी जीने की यह आजादी मेरे मुस्कराने के लिए काफी है।'

व्यापारी सोचने लगा, 'और इधर मेरे पास बहुत पैसा है लेकिन मेरी अपने व्यापार में कोई दिलचस्पी नहीं।'

'सफल कौन है?'

'वह छोटा लड़का, निश्चित रूप से। क्योंकि वह ऐसा महसूस करता है।'

सफलता गुलाब की खुशबू नहीं है, जो हर कोई सूंघ सके। सफलता कोयल की कूहू-कूहू भी नहीं है, जिसे हर कोई सुन सके। मेरी सफलता वो खुशबू है जिसे मैं सूंघ सकता हूं, वह गीत है जिसे में गुनगुना सकता हूं।

आउटलुक पत्रिका के एक अंक में कुछ ऐसी औरतों के बारे में छपा था जो कई कंपनियों का माल बेचती (Direct Marketing) थीं। ये कोई महान व्यापारी नहीं थीं लेकिन वे अपने जीवन में अर्थ ढूंढ़ रही थीं और उसके करीब पहुंच रही थीं। वो कोई क्रांतिकारी काम नहीं कर रही थीं, लेकिन वो अपने अंदर एक क्रान्ति की लौ लिए थीं। इसी से व्यक्ति सफल होता है।

ठहरिए, हमें गलत मत समझिए।

यदि कोई आतंकवादी अपने को सफल समझता है तो इसका अर्थ यह नहीं है कि वह सफल है।

सफलता जीवन का प्राप्य होती है और प्राप्य सकारात्मक होना चाहिए, लाभदायी होना चाहिए।

अपनी सफलता की कहानी स्वयं लिखिए।

असफल व्यक्ति कहते हैं
सफलता भाग्यशालियों को मिलती है।
सफल व्यक्ति की भाषा होती है
सफलता मानसिक स्थिति का नाम है।

सूत्रधार

हम सबको सफलता चाहिए-माना।

हम सबको अपनी गढ़ी हुई परिभाषाओं के अनुसार सफलता चाहिए-माना।

आप बिना टिकट खरीदे मनपसंद फिल्म नहीं देख सकते। आप जूते उतारे बिना मंदिर में प्रवेश नहीं कर सकते। छिलका उतारे बिना केला नहीं खा सकते।

फिल्म देखने, मंदिर जाने और केला खाने के पहले कुछ चीजों की जरूरत होती है, इसी तरह सफल होने के पहले कुछ चीजों की जरूरत होती है। ये चीजें हैं-

- दृष्टिकोण में परिवर्तन (Change in attitude)
- ऊर्जा भरी सोच (Power Thinking)

परिवर्तन : एक सतत संघर्ष

(Change : The Continuous Crusade)

मैं हर रोज दिन की शुरुआत जल्दी करना चाहता हूं
जब नहीं हो पाता तो मैं हर रोज स्वयं से वादा करता हूं-
'कल करूंगा।'
मैं हर रोज नए संकल्प लेता हूं
पर हर रोज मैं उन्हें न कर पाने का मलाल करता हूं।
मैं हर रोज वक्त का पाबंद होना चाहता हूं
पर क्या करूं हर रोज मुझे देर हो ही जाती है।
मैं हर रोज सुधरना चाहता हूं
लेकिन जब मैं ऐसा नहीं करता तो मान लेता हूं ***"यही नियति है"***

ये शब्द हमारे मन-मस्तिष्क पर लिखे जा चुके हैं कि `मैं बदलना चाहता हूं लेकिन क्या करूं, हो ही नहीं पाता।'

अनिल अंबानी, रिलायंस कंपनी का हुलिया बदलने में काफी मेहनत कर रहे थे। पर व्यस्तता में उनका वजन काफी बढ़ गया था। एक बार वे अपनी कंपनी के यूरो इश्यू के प्रचार के लिए न्यूयार्क गए और वहां बड़े उद्योगपतियों से मिले। एक ने कहा, `जो व्यक्ति अपना वजन नहीं संभाल सकता, वह कंपनी को क्या संभालेगा।' अनिल ने सुना और सोचा-`मैं अपने को बदलूंगा।' आज वह लगातार व्यायाम करते हैं और उनकी छवि एक बहुत ही चुस्त उद्योगपति की है।

(संडे टाइम्स से साभार)

थर्मेक्स इलैक्ट्रॉनिक्स की मालकिन अनू आगा एक गृहिणी थीं। अचानक उनके पति का देहान्त हो गया और कुछ समय बाद उनका बेटा चल बसा। कुछ समय बाद वह अपने दुःख को भूल कर अपने जिम्मेदारियों की ओर मुड़ीं। आज उनके परिवर्तन ने उनके जीवन को एक नई दिशा दी है। जाहिर है उनके साथ-साथ कंपनी भी नए मील के पत्थर स्थापित कर रही हैं। अभी अनु आगा को इकोनॉमिक टाइम्स बिजनेस वूमेन ऑफ द इयर सम्मान के लिए नामांकित किया गया था।

परिवर्तन अनिवार्य है। लेकिन परिवर्तन को रोकने की कोशिश व्यक्ति की मूल प्रवृत्ति भी है। हमारी जिन्दगी ढर्रे पर चलती है और हम उसे तब तक बदलना नहीं चाहते जब तक कि कोई मुसीबत ही सर पर न आ पड़े। आगे बढ़ने से पहले खुद से पूछिए-`क्या मैं बदलना चाहता हूं?'

परिवर्तन दो प्रकार का होता है-

- परिवर्तन के लिए परिवर्तन **(Change for the sake of change)**
- बेहतरी के लिए परिवर्तन **(Change for the sake of betterment)**

हम अक्सर बाहरी वातावरण को बदल देते हैं और अच्छा महसूस करने लगते हैं। हम अपने कपड़े बदल लेते हैं, बालों का स्टाइल, कमरे का रख-रखाव बदल देते हैं और सोचते हैं हमारा जीवन बदल गया है। लेकिन ये तो आवरण बदलने जैसा हुआ। पानी में लहरें उठती हैं, पानी सोचता है उसके जीवन में बदलाव आ रहा है। जैसे ही लहरें शांत होती हैं, पानी भी शांत हो जाता है। यहां पर हम **विकासशील परिवर्तन (Developmental Change)** की बात कर रहे हैं।

हम अपने कपड़े बदल लेते हैं, बालों का स्टाइल, कमरे का रख-रखाव बदल देते हैं और सोचते हैं हमारा जीवन बदल गया है। लेकिन ये तो आवरण बदलने जैसा हुआ।

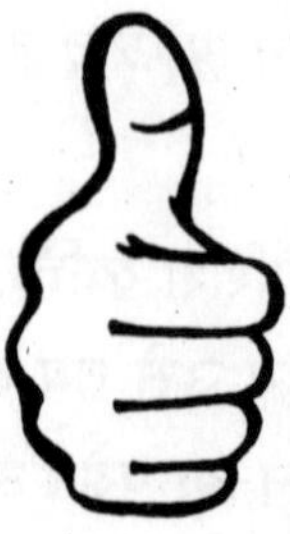

सिर्फ जिन्दगी के दिनों को बिताना है तो परिवर्तन की कोई जरूरत नहीं लेकिन जिन्दगी जीने के लिए परिवर्तन अवश्यम्भावी है।

For LEADING life change is not essential.

For LIVING life, change is a must.

परिवर्तन का सार्वभौम नियम
(The Universal Law of Change)

मैं अपने अलावा किसी और को नहीं बदल सकता।

मेरे अलावा मुझे कोई और नहीं बदल सकता।

हम दूसरों को बदलने की कोशिश कर सकते हैं लेकिन हम तभी सफल होंगे जबकि वे लोग खुद को बदलना चाहेंगे।

यदि आप महसूस करते हैं कि एक असफल व्यक्ति के गुण आप में हैं तो केवल आप ही अपने को बदल सकते हैं।

अब सवाल पैदा होता है,

मुझे क्यों बदलना चाहिए?

उत्तर काफी आसान है। अगर आपने पिछले अध्यायों को ध्यान से पढ़ा हो तो।

यदि आप में मूलतः या शाही (Raw or Sophisicat) असफल लोगों के चिह्न हैं तो अब तक आप ये तो जान ही चुके होंगे कि आपको बदलने की जरूरत है और यह भी आप पढ़ चुके हैं कि उन्हें कैसे बदला जाए। आलोचना कैसे की जाए, शिकायत कैसे करें, किस तरह से शेखी न बघारें तथा चीजों को क्यों न टाला जाए।

अब तक आप बहुत सारे गुण आत्मसात कर चुके होंगे। और निश्चित रूप से अब आप अपनी समस्याओं को समझ सकते हैं।

इससे पहले कि आप अपने भीतर एक नए व्यक्तित्व को गढ़ना शुरू करें, तीन साधारण नियमों को अपने जीवन में जगह दीजिए। यही आपके नए व्यक्तित्व का आधार होंगे। यह तिकड़ी आपको एक शक्तिशाली व्यक्ति में परिवर्तित कर देगा।

मैं खुद का सम्मान करूंगा।

(I will respect myself)

मैं खुद को प्रेरित करूंगा।

(I will motivate myself)

मैं खुद को प्यार करूंगा।

(I will love myself)

हमारे सफल दृष्टिकोण की नींव

(Foundation of our attitude)

हमें जरूरत है अपने रवैये को बदलने की, उसमें सकारात्मक ऊर्जा का संचार करने की जो हमें उच्चतर उपलब्धि और गहनतम संतुष्टि के स्तर पर ले जा सके।

मैं स्वयं से प्यार करूंगा (I will Love Myself)

प्यार को पूरी तरह से परिभाषित नहीं किया जा सकता। लेकिन हमारा मानना है कि प्यार एक विश्वास की अनुभूति है। स्वयं को मूल्यवान समझने का अहसास है और आध्यात्मिक उद्विकास को महसूस करना है।

हमें जरूरत है अपने रवैये को बदलने की। उसमें सकारात्मक ऊर्जा का संचार करने की जो हमें उच्चतर उपलब्धि और गहनतर संतुष्टि के स्तर पर

जब हम किसी से प्यार करते हैं तो हम उसकी परवाह भी करते हैं। मदर टेरेसा ने समाज के सबसे निचले स्तर के लोगों की देख-भाल का बीड़ा बिना किसी शर्त के उठाया। इनमें भक्ति-भाव भी था और अपार प्यार की अनुभूति भी थी। **हम उसके आचरण को सर्वश्रेष्ठ बनाना चाहते हैं जिससे हम प्यार करते हैं। हम उसे सब कुछ मुहैया कराना चाहते हैं। हम उसे खुश देखना चाहते हैं। हम उसे गलतियों से बचाना चाहते हैं। इसलिए यदि हम स्वयं से प्यार करेंगे तो हम स्वयं के प्रति भी उसी प्रकार की भावना को उपजाएंगे।**

क्योंकि मेरे माता-पिता ने मुझे प्यार किया, वो मेरे लिए अच्छे से अच्छा चाहते हैं। उन्होंने मुझे हर दर्द से बचाया और मुझे खुश देखना चाहा। और

क्योंकि मैं अपनी बेटी से प्यार करती हूं मैं उसे खूब खुश देखना चाहती हूं। मैं चाहती हूं कि उसे वह सब मिले जिसकी वह आकांक्षा रखती है। (वो केवल एक वर्ष की है) क्योंकि मैं खुद से प्यार करती हूं इसलिए अपने लिए श्रेष्ठतम चीजें चाहती हूं। मैं वह सब करना चाहती हूं जो मुझे आनंद देगी।

1942 के वसंत में एक बार कनाडा की मशहूर कमीज बनाने वाली कंपनी का मालिक मेक्स फ्रीड अपनी फैक्टरी लौट रहा था। उसने सामने सड़क पर एक नौजवान को देखा जो कि एक दुकान की सीढ़ियों को रगड़ कर साफ कर रहा था। उसका चेहरा जाना-पहचाना लगा। फ्रीड ने उससे पूछा तुम यहां क्या कर रहे हो?

बीस वर्षीय नौजवान ने जवाब दिया, 'मैं इस दुकान में काम करता हूं।'

फ्रीड को याद आया तो उसने पूछा, 'क्या तुम्हारे पिता मेरी रसोई में काम करते हैं?'

लड़के ने हामी भरी। फ्रीड ने अपनी फैक्ट्री में पहुंच कर उसके पिता को बुलाया और पूछा कि तुम्हारा होशियार बेटा इतना छोटा काम क्यों कर रहा है?

पिता बोला, 'वो कॉलेज में पढ़ना चाहता है लेकिन मेरे पास पैसे नहीं हैं।'

'ठीक है, उसे कल मेरे पास भेजो।' फ्रीड ने कहा।

अगली सुबह जब नौजवान उससे मिलने आया तो उसने कहा, 'मैं तुम्हें दाखिला दिलवा दूंगा। यहां लिखो तुम्हें कितने पैसे चाहिए। इन पैसों के लिए कुछ शर्तें होंगी।' फ्रीड ने कहा।

लड़का चुपचाप बैठा रहा।

फ्रीड बोला,

"पहले तो तुम किसी को यह नहीं बताओगे कि पैसा कहां से आया।"
"दूसरी बात, तुम क्लास में फर्स्ट आओगे।"
"तीसरी बात, यह एक कर्ज है। तुम्हें इसे लौटाना होगा लेकिन तब जब तुम काबिल हो जाओगे।"
और आखिरी बात, वादा करो कि जो मैं तुम्हारे लिए कर रहा हूं वही तुम किसी और के लिए करोगे।'
20 वर्षीय नौजवान ने कहा, 'मुझे आपकी सब शर्तें मंजूर हैं।'
फ्रीड ने उसे 900 डॉलर उसकी तीन साल की पढ़ाई के लिए उधार दिए। लड़के ने धीरे-धीरे वह कर्ज चुकता कर दिया। लेकिन उसने एक वादा तोड़ा भी। उसने इस कहानी को लिखा ताकि दूसरों को प्रेरणा मिल सके।

यदि आप खुद से प्यार करते हैं तो स्वयं का मूल्य समझते हैं। आप खुद से हर अच्छाई की अपेक्षा करते हैं।

दोस्तों, याद रखें, स्वयं से प्यार करने का अर्थ यह नहीं है कि आप आत्मश्लाघा (Self Love) में फंस जाएं। इसका यह अर्थ भी नहीं है कि आप स्वयं में केन्द्रित हो जाएं। इसका अर्थ है एक सही शुरुआत ताकि आप अपनी उपलब्धियां बढ़ा सकें और ज्यादा संतुष्टि प्राप्त कर सकें। वह स्वयं को पहचानने का एक तरीका है। यह जीवन का अर्थ महसूस करने की एक कोशिश है। यह हर किसी के प्रति सद्भाव का प्रतीक है।

इसके लिए तर्क बेहद सामान्य है। दान स्वयं के घर से शुरू होता है और इसीलिए प्यार भी। यदि आप खुद से प्यार नहीं कर सकते तो आप दूसरों

के प्रति भी ऐसा कोई भाव नहीं रख सकते।

इस वक्तव्य का आधार यह है कि दान और प्यार आपके करीब से शुरू होता है। यदि आप स्वयं से प्यार नहीं करते तो किसी और से भी नहीं कर सकते। आपके रवैये का मूल आधार होना चाहिए खुद की कीमत (Self value) समझना और बिना शर्त प्यार (Unconditional Love)। हर किसी को स्वावलंबी होना चाहिए और स्वमार्गदर्शी भी। बिना शर्त प्यार से बिना शर्त शक्ति का संचार होता है। ऐसी शक्ति जो सब इच्छाओं को पूरा करवा सके। स्वयं से प्यार का अर्थ है वह करना जिसे हम चाहते हैं और जिसमें विश्वास करते हैं।

दान आपके घर से शुरू होता है और प्यार भी। यदि आप खुद से प्यार नहीं कर सकते तो आप दूसरों के प्रति भी ऐसा कोई भाव नहीं रख सकते।

हम किसी ऐसे चीज से प्यार नहीं कर सकते जो घृणित है, नकारात्मक या अशुद्ध है। इसका अर्थ है यदि हम स्वयं से प्यार करते हैं तो हम स्वयं भी सही होंगे, सकारात्मक और शुद्ध होंगे।

प्यार एक प्रतिबद्धता है।
अगर मैं स्वयं से प्यार करता हूं तो
स्वयं के प्रति प्रतिबद्ध हूं।

इसलिए अपने व्यक्तित्व में परिवर्तनों की शुरुआत कीजिए और इसका आधारभूत सिद्धांत होना चाहिए कि मैं स्वयं को प्यार करूंगा।

मैं स्वयं को प्रेरित करूंगा

हमारी सभी कार्यशालाओं में एक बात खास होती है। हम अपने प्रतिभागियों को यह जरूर सिखाते हैं कि कृपया अपने बच्चों की दूसरों से तुलना मत कीजिए। लेकिन हर बार हमें एक ही उत्तर मिलता है यदि तुलना नहीं करेंगे तो प्रतिद्वंद्विता कैसे आएगी।

यह समझने के लिए थोड़ा समय चाहिए कि यह हमारे दृष्टिकोण में एक बड़ी कमी है। हम हमेशा बाहरी प्रेरक तत्वों में क्यों विश्वास करते हैं। हम दूसरों पर यकीन करते हैं ताकि हम अपने बच्चों में सुधार ला सकें। हम आपसे पूछते हैं, 'आप अपने बच्चे को खुद से प्रतिद्वंद्विता करने के लिए प्रेरित क्यों नहीं करते?'

जब हमारे सामने एक संदर्भ होता है तभी हम कोई चीज महसूस करते हैं। जब कोई हमारी बगल में बैठ कर पढ़ता है तभी हम भी पढ़ना चाहते हैं। हम तभी लक्ष्यों को प्राप्त करना चाहते हैं जबकि कोई दूसरा उसके लिए कठिन मेहनत कर रहा होता है। यदि कोई हमारे आगे नहीं भाग रहा है, तो हम भी आत्मतुष्टि के शिकार हो जाते हैं।

असली विजेता वही है
जो अपनी खुद की
उपलब्धियों को
बेहतर बनाते रहते हैं।

जरा सोचिए हम क्यों चाहते हैं कि कोई दूसरा हमारे मनमंदिर में ज्योति को प्रज्ज्वलित क्यों करे? हम दूसरों से हमारे कार्यों के लिए प्रशंसा क्यों चाहते हैं? हम इस बात का इंतजार क्यों करते हैं कि लोग हमें कोई काम करने के लिए आगे बढ़ाए। हमारे बाहर जो कुछ है वह अस्थाई है इसलिए **हमारा दृष्टिकोण स्वप्रेरित होना चाहिए।** एक पूर्ण परिपक्व रवैया वह है जब हम प्रेरणा के लिए अपने भीतर झांकते हैं और हमारा हाथ स्वयं पीठ ठोकने के लिए उचित स्थान पर पहुंच जाता है।

मैं स्वयं का मित्र, दार्शनिक और मार्गद्रष्टा होना चाहता हूं। एक पूर्ण दृष्टि वह है जब हम भीतर झांक कर प्रेरणा प्राप्त करते हैं और अपनी पीठ खुद ठोकते हैं। स्वयं को प्रेरित करना एक अनवरत और शाश्वत प्रक्रिया है। यह वह जलधारा है जो हमारे हृदय में तेजी से फैलती है। यह लगातार काम करती रहती है तब भी जब हम निराश होते हैं या किसी काम में उलझे होते हैं और या फिर सबसे ऊपर शिखर पर पहुंच चुके होते हैं। तब भी जब हम अकेले होते हैं और तब भी जब हम औरों के साथ होते हैं **नए रास्ते वे ही लोग बनाते हैं जो स्वप्रेरित होते हैं।**

एक पूर्ण दृष्टि वह है जब हम भीतर झांक कर प्रेरणा प्राप्त करते हैं और अपनी पीठ खुद ठोकते हैं।

यदि कोलम्बस स्वयं से प्रेरित न हुआ होता, यदि मंगल पांडे के अंदर आग न होती, यदि हेलेन कैलर की कुछ कर गुजरने की तमन्ना न होती, यदि किरण बेदी का कोई लक्ष्य न होता, यदि लगान के आमिर खान की निगाह किसी मंजिल पर न होती तो क्या आज हम इन लोगों के बारे में बात कर रहे होते?

इसका अर्थ यह नहीं है कि बाहरी प्रेरक तत्व काम नहीं करते या वे व्यर्थ हैं। वे भी हमें प्रेरित करते हैं। काम करने के लिए तैयार रहते हैं। लेकिन जब हमें इनकी जरूरत होती है तो जरूरी नहीं कि ये हमें मिल ही जाएं। अधिकांश लोग अपने बॉस की हां में हां मिलाने वाले होते हैं। वे लोग किसी के नेतृत्व में अच्छा काम करते हैं। यदि उन्हें काम समझा दिया जाए तो वे परिणाम दिखाते हैं। जब उनके वरिष्ठ अधिकारी उनके सामने लक्ष्य रखते हैं तभी उनका काम नजर आता है वरना उनमें अपनी प्रतिबद्धता का नितांत अभाव रहता है। यही कारण है कि सरकारी दफ्तरों में एक काम चलाऊ आत्मतुष्टि रवैया दिखाई देता है। चूंकि किसी की कोई जवाबदेही (Accountability) नहीं होती। तय तनख्वाह होती है। काम करो तो भी मिलेगी न करो तो भी मिलेगी। इसीलिए आत्मतुष्ट अंततः गति अवरोध (Stagnation) के रास्ते चल कर निष्क्रियता पर समाप्त हो जाती है।

सारी समस्या ढुलमुल रवैये की है। ज्यादातर लोगों का रवैया है **`मैं ही क्यों'**। यदि कोई फैसला लेना होता है, किसी नई जमीन पर शुरुआत करनी होती है तो हम पहल नहीं करते। हर व्यक्ति दूसरे की आड़ में छिपना चाहता है। उसे यह चिंता खाए जाती है कि काम करने पर जवाबदेही उसी की होगी और यदि उसने काम किया तो हो सकता है कि वह गलत हो जाए और उसे उसकी सजा मिले। इसलिए काम किया ही न जाए। गलती होगी ही नहीं।

कई बार क्लासरूम में कोई प्रश्न अनुत्तरित रह जाता है या किसी कार्यशाला में कोई प्रतिभागी कुछ समझ नहीं पाता तो वह पूछने से कतराता है और सोचता है, "मैं ही क्यों"। और मन में यह चाहता भी है काश कोई और पूछ ले जिससे मुझे भी उत्तर मिल जाए और कई बार सब यही सोचते हैं "मैं ही क्यों" और अन्ततः सभी को मिलती है निराशा।

यदि कभी कोई तीखी बहस होती है या कहीं कोई कड़वाहट उत्पन्न होती है तो हम माफी मांगने से कतराते हैं। फिर वही बात **"मैं माफी क्यों मांगू।"** हम चाहते हैं दूसरा आदमी पहल करे। हम पहल नहीं करना चाहते। हम अगुवाई भी नहीं करना चाहते हैं। हम अपने से यह सवाल नहीं पूछते कि अगर मैं यह काम कर सकता हूं तो क्यों न करूं?'

अपने से पूछिए
अगर मैं यह कर सकता हूं
तो क्यों न करूं?
(Ask yourself :
If I can do it,why shouldn't I?)

मैं स्वयं का सम्मान करूंगा (I will respect myself)

सभी संबंधों का आधार परस्पर सम्मान भाव है।

हम बड़ी उम्र के लोगों का सम्मान उनकी आयु के कारण करते हैं। इसके अलावा हम कुछ खास गुणों का भी सम्मान करते हैं, जैसे-प्रतिभा, प्रतिबद्धता, ईमानदारी और अनुभव। सभी संबंधों का मूल आधार परस्पर सम्मान (Mutual respect) भाव है। यदि हम अपना सम्मान नहीं करेंगे तो हम अपना मूल्य भी नहीं समझ सकते। जब आप अपना सम्मान करते हैं तो आपका आत्म गौरव बढ़ता है। विश्वास उत्पन्न होता है। और सबसे अहम बात आपका असली व्यक्तित्व निखरता है।

अक्सर हम सम्मान शब्द का गलत इस्तेमाल करते हैं। उदाहरण के लिए-मैं अपने मां-बाप का सम्मान करती हूं। बुजुर्गों का सम्मान करती हूं। अपनी देश की इज्जत करती हूं। लेकिन यह हमारे कार्यों में दिखाई नहीं देता। हम लोगों का आदर करते हैं लेकिन हम उन्हें श्रेणीबद्ध (prioritise) नहीं कर पाते। इसलिए असफल हो जाते हैं। कभी-कभी हम व्यक्ति का नहीं उसकी प्रतिभा का सम्मान करते हैं और कभी हम न व्यक्ति और न उसकी प्रतिभा का बल्कि उसके ओहदे का सम्मान करते हैं। और कई दफा तो हम किसी चीज का सम्मान नहीं करते। केवल उसकी भावनाओं का कद्र करते हैं। लेकिन हर बार हमारी गलतफहमी (misconception) यही रहती है कि हम व्यक्ति का सम्मान करते हैं।

दोस्तों, पूर्ण आदर भाव और आंशिक सम्मान में अंतर है।

हमारी बिल्डिंग का चौकीदार एक लंबा-चौड़ा आदमी है लेकिन उसमें गुण कम हैं अवगुण ज्यादा हैं। वह गाली-गलौच करता है। बात-बात पर झगड़ा कर बैठता है। उसकी पत्नी काफी बीमार रही और चल बसी। अगले दिन मैंने देखा वह एक कोने में बैठा सुबक रहा है। मैंने उसकी पीठ थपथपाई। मुझे उस पर दया भी आई। अगले दिन वह मेरे पास आया और हजार रुपए उधार मांगे। मैंने मना कर दिया। वह चिल्लाया और कहने लगा कि 'मेरी सहानुभूति नकली थी और मैं उसकी मदद नहीं करना चाहती थी।'

हां, मैं एक गैरजिम्मेदार आदमी की मदद नहीं करना चाहती थी। मेरा पीठ थपथपाना वास्तविक था। मैं उसके दु:ख में शामिल होना चाहती थी। इससे ज्यादा कुछ नहीं। ऐसे लोग हमारें अंदर अपने प्रति सहानुभूति जगाते हैं।

कुछ ऐसे लोग होते हैं जिन्हें हम उनके ओहदे के कारण आदर देते हैं। उदाहरण के लिए राष्ट्रों के प्रमुख, कंपनियों के प्रबंध निदेशक, जिलाधीश, पुलिस अधिकारी और अखबारों के संपादक आदि लोगों की इज्जत हम उनकी कुर्सियों के कारण करते हैं। अक्सर ऐसे लोग अपनी कुर्सी छोड़ देते हैं तो कई लोग सम्मान करना भी छोड़ देते हैं। **ये हममें एक ऐसी धारणा उत्पन्न करते हैं जैसे उनका सम्मान एक सामाजिक आवश्यकता बन गई हो।**

इसके विपरीत कुछ लोगों की इज्जत उनकी प्रतिभा के कारण होती है। अमिताभ बच्चन और अमर्त्य सेन का लोग उनके अभिनय और आर्थिक ज्ञान के कारण आदर करते हैं। **ये हममें सच्चा सम्मान महसूस कराते हैं।**

कुछ लोग, प्रसिद्ध तो नहीं होते लेकिन व्यक्ति के रूप में आदर पाते हैं। उन्हें हम दिल से प्यार करते हैं। हम उनकी इसलिए इज्जत करते हैं क्योंकि वे कुछ खास सिद्धान्तों पर अडिग होते हैं। हम उनका सम्मान उनकी उम्र, पद या प्रतिभा के कारण नहीं करते बल्कि इसलिए कि उन्हें जीने की कला आती है। वे पूरे समाज का मार्ग निर्देशन करते हैं। **ये हमारे अंदर भक्ति-भाव जगाते हैं।**

ये पथ प्रदर्शक होते हैं। ये जानते हैं कि खुद का मुकाबला कैसे किया जाए और वे उसे कर भी लेते हैं। ये लोग खुद से जिरह करने का साहस रखते हैं खासकर जब उन्हें लगता है कि उनसे गलती हो गई है। इनमें इतना माद्दा होता है कि वे अपने विचारों की रक्षा कर सकें। वे लोग जीवन को नया अर्थ देते हैं। ठीक अपने विचारों के अनुरूप।

इनमें असफलताएं स्वीकार करने की गरिमा होती है।
चुनौतियों का मुकाबला करने की ताकत होती है।
ये हंसने-हंसाने की ऊर्जा से भरे होते हैं तथा जीवन की कटु सच्चाइयों से नजरें मिलाने का साहस भी रखते हैं।

कुछ लोग प्रतिभाशाली होते हैं। कुछ का कद ऊंचा होता है। कुछ भावनाओं के सहारे जीते हैं जबकि कुछ के पास जीने की कला होती है। हम इन सब श्रेणियों के उदाहरण तो नहीं देना चाहते क्योंकि हम चाहते हैं कि आप ऐसे उदाहरण खुद खोजें।

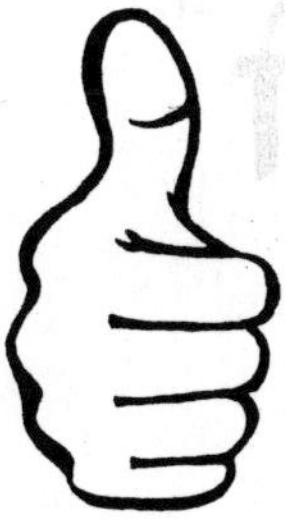

आदर मांगिए मत।
अपने को आदर का
हकदार बनाइए।

Don't demand respect
command it

इज्जत मांग कर नहीं ली जाती। हमें ऐसे गुणों का विकास करना होगा जो कि हमें इज्जत दिलवा सके।

उसके कार्यकाल से कुछ समय बचा था। अंतिम वर्ष में उसने एक औपचारिक समारोह में भाग लिया। उसकी पंक्ति से थोड़ा पीछे दो लोग फुसफुसा रहे थे।

'ये विंस्टन चर्चिल हैं। कहते हैं कि वह सठिया रहा है।'

'कुछ लोग कहते हैं कि उसे अपना पद छोड़ देना चाहिए और देश की बागडोर किसी अधिक गतिशील और योग्य व्यक्ति के हाथ में दे देनी चाहिए।'

समारोह समाप्त हुआ। चर्चिल पीछे मुड़ा और बोला, 'श्रीमान् जी, लोग तो ये भी कहते हैं कि वह बहरा है।'

उसने अपने विरोध के चित्र को आत्मसम्मान के रंग से रंग दिया।

ऊर्जा भरी सोच

(Power Thinking)

मैं यह सोचता हूं कि मैं एक फव्वारा हूं
मैं बहता हूं लय के साथ
मैं सोचता हूं मैं एक पंख हूं और
दूर क्षितिज में उड़ता जाता हूं
मैं सोचता हूं मैं एक चट्टान हूं
खड़ा हूं अडिग एक सिपाही की तरह
मैं सोचता हूं कि मैं आग हूं
प्रज्जवलित होता हूं एक विजेता की तरह।
मेरी सोच तय करती है कि मैं क्या हूं।

हम हर चीज का इस्तेमाल करते हैं जो हमें ईश्वर ने दी है। कभी-कभी हम उनका दुरुपयोग भी करते हैं। हम प्रकृति के साथ सभी तरह से खिलवाड़ करते हैं। लोगों का भी-उपयोग करते हैं और दुरुपयोग भी लेकिन अधिकांश लोग भगवान द्वारा दिए गए सबसे बड़े और सबसे श्रेष्ठ उपहार का इस्तेमाल करना भूल जाते हैं, और वह है-मस्तिष्क।

मैं पनीर खरीदने एक दुकान पर गई। मुझे थोड़ा सा ही पनीर खरीदना था। मैंने दुकान के एक कोने में एक वॉशिंग मशीन देखी। लगता था खराब है। मेरी जिज्ञासा भरी सोच ने मुझे जानने के लिए प्रेरित किया।

'क्या आप अपने कपड़े यहां धोती हैं?' मैंने पूछा।

उसने फौरन जवाब दिया, 'नहीं।'

ओह! मैं सोच रही थी कि ये वॉशिंग मशीन काम करती है। मुझे लगा वो

लोग इस मशीन का इस्तेमाल सामान रखने में करते होंगे।

'आप क्या बात कर रहे हैं। ये काम करती है। इसमें छाछ बनती है।'

मुझे बड़ा अचम्भा हुआ कि वे वॉशिंग मशीन से छाछ बनाते थे।

मुझे गलत मत समझिएगा। मैं ये नहीं कह रही हूं कि आप भी अपने वॉशिंग मशीन से छाछ बनाना शुरू कर दीजिए। मैं एक साधारण बात बता रही हूं। पृथ्वी पर सबसे अधिक उपजाऊ जमीन हमारा मस्तिष्क है।

पृथ्वी पर सबसे अधिक उपजाऊ जमीन हमारा मस्तिष्क है।

लेकिन हम रोज बस पकड़ने में, खाना खाने में, फिल्म का आनंद उठाने में, साथियों का मजाक उड़ाने में, औरों की गलतियां निकालने में यह याद ही नहीं कर पाते कि हमारा दिमाग और क्या- क्या कर सकता है।

जीवन का दुरुह चक्र

वह सुबह देर से उठा और बोला,
रात मुझे नींद नहीं आई।
उसने नाश्ता नहीं खाया और बोला
'मुझे दफ्तर के लिए लेट हो रहा है।'
उसे सिर दर्द हो गया और वह जब दफ्तर पहुंचा तो बोला,
'ऐसा खाना नहीं खाने से हुआ है।'
वह काम पूरा नहीं कर पाया और बोला,
'यह सिर दर्द खाए जा रहा है।'
वह घर बड़ा कुंठित लौटा और बोला
'मेरा बाकी पड़ा काम परेशान कर रहा है।'
देर रात को उसने फिल्म देखी और बोला
'मैं अपनी परेशानी को खत्म करना चाहता हूं।'

और अगली सुबह वह फिर देर से उठा...

क्या जीवन शैली है साहब।

कहीं न कहीं यह हम सबका जीवन है।

हम एक कोल्हू के बैल की तरह घूमते रहते हैं। अपनी आदतों के गुलाम, अपने मस्तिष्क को भुलाते हुए।

केवल मस्तिष्क के पास क्षमता है चीजों को बदलने की, हर चीज को कभी भी, कहीं भी।

हमारा मस्तिष्क अनूठा है। यह हमें अलग श्रेणी प्रदान करता है। पहचान देता है। लेकिन हम उधार ली हुई पहचान से ही संतुष्ट हो जाते हैं। हम विचार भी उधार लेते हैं और उन्हीं में यकीन करने लगते हैं।

चौबीस घंटों में से एक आम आदमी अपना अधिकतर समय का उपयोग (या दुरुपयोग) करता है शारीरिक कामों में। (जैसे कि दांत साफ करना, नहाना, दफ्तर जाना, खाना खाना।) इस दौरान हमारा मस्तिष्क मुक्त रहता है या फिर ऊल-जलूल चीजें सोचता रहता है। हम अधिकांश समय सोचते हैं कि हम क्या चाहते हैं। यह नहीं सोचते कि हम क्या कर सकते हैं।

हम अधिकांश समय सोचते हैं कि हम क्या चाहते हैं। यह नहीं सोचते कि हम क्या कर सकते हैं।

दांत साफ करते समय या आते-जाते और खाते समय हम अपने दिमाग का इस्तेमाल बेहतर चीजों के लिए कर सकते हैं।

"यदि हम दिमाग को खाली छोड़ दें तो यह शैतानी हरकतें करने लगेगा।"

"यदि हम इसे आलोचना, ईर्ष्या, बहानेबाजी और शेखियों से भर दें तो यह असफलताओं का गढ़ बन जाएगा।"

"यदि हम इसे सृजनात्मक, मौलिक और उत्साहवर्द्धक विचारों से सीचें तो यह सफलता का स्वर्ग दिखाई देगा।"

कल्पना कीजिए :

यदि आदि मानव ने हमें आग न दी होती।
यदि एडिसन ने हमें इलैक्ट्रिक बल्ब न दिया होता।
यदि बिल गेट्स ने विन्डोज (Windows) न दी होती तो
हम कहां होते।
खुदा का शुक्र है
उसने हमें कुछ ऐसे लोग दिए जिन्होंने अपने
दिमाग का इस्तेमाल किया।

'तुम अपना कमरा कभी साफ नहीं रखती। रोज क्यों नहीं साफ करती कि यह एक बोझ न बने।' एक मां अपनी 17 वर्षीय बेटी को डांट रही थी।

मुझे इतना काम होता है, पढ़ना, रंग भरना, गुड़ियों से खेलना, वीडियो गेम देखना। फिर मैं स्केटिंग और कम्प्यूटर क्लास में भी तो जाती हूं। मेरे पास इस सफाई-वफाई के लिए समय नहीं है।'

'समय का सही इस्तेमाल करो' मां ने फिर लेक्चर दिया।

'मैं अपने दिमाग से सोच सकती हूं लेकिन हाथ तो ईश्वर ने दो ही दिए हैं।' हाजिरजवाब बेटी ने कहा।

माना, हमारे शरीर की सीमाएं हैं लेकिन मस्तिष्क तो असीमित है।

माइकल एंजिलो भी हमारे जैसे इंसान थे लेकिन देखिए उन्होंने क्या-क्या कर दिखाया। वो कलाकार थे, वास्तुकार थे, इंजीनियर थे, संगीतकार थे, क्या-क्या नहीं थे वो।

वर्टरेंड रसल एक वैज्ञानिक होने के साथ-साथ जाने-माने दार्शनिक भी थे।

हमारे प्रधानमंत्री अटल बिहारी वाजपेई निष्णात राजनीतिज्ञ हैं लेकिन कोमल हृदय कवि भी।

ये लोग इतना सब इसलिए कर पाए क्योंकि उन्होंने अपनी उत्सुकता की सीमाओं को अपार विस्तार दिया और अपनी रुचियों को कई सोपानों तक पहुंचाया।

अधिकांश लोगों के साथ दिक्कत यह है कि वे अपनी क्षमताओं को जानने की कोशिश ही नहीं करते। इसके लिए जरूरत है कि हम दिमाग का उपयोग करें।

अपनी उपलब्धियों का विस्तार करने के लिए अपनी क्षमताओं को पहचानने के लिए, अपने अपने भीतर की यात्रा कीजिए

(TAKE A U TURN INSIDE)

भीतर यात्रा करने का अर्थ है स्वयं के भीतर झांकना। मस्तिष्क में झांकना।

वापस मुड़ने का अर्थ है भीतर यात्रा करना, मन की आवाज को सुनना। मस्तिष्क के संगीत को सुनना। अपने भीतर एक सच्चे दोस्त को पहचानना।

जानने की कोशिश करिए, आपको क्या चीज वास्तविक **आनन्द** देती है?

आपको क्या चीज सही में **उदास** बनाती है?

आपको क्या चीज वास्तव में **गुस्सा** दिलाती है?

दोस्तो, यह 'वास्तविक' शब्द वास्तव में बहुत महत्वपूर्ण है।

खुश होना और खुश दिखना दो अलग-अलग चीजें हैं।

हम अक्सर खुश दिखाई देते हैं लेकिन केवल उस वक्त जब हमसे ऐसी अपेक्षा की जाती है।

एक छात्र अच्छा नतीजा आने पर खुश होता है। यह जरूरी नहीं कि वह वास्तव में खुश हो। लोग उससे उम्मीद करते हैं कि वह खुश दिखाई दे। हो सकता है कि उसे खुश बनानेवाली चीज अलग हो।

जब एक बच्चा शैतानी करता है तो मां चिढ़कर उसे थप्पड़ मार देती है। बच्चे को लगता है कि मां नाराज है। लेकिन वह असल में नाराज नहीं है। वह तो प्रतिक्रिया है उसकी विवशता की या फिर वह बच्चे को डराना चाहती है। मां असल में तब नाराज होती है जब बच्चा उससे झूठ बोलता है।

जब कोई रिश्तेदार गुजर जाता है तो हमसे उम्मीद की जाती है कि हम उदास हों। जब मेरी चाची का देहांत हुआ तो मैं थोड़ा-सा रोयी थी लेकिन

मैं उदास नहीं थी क्योंकि मैं उन्हें ज्यादा जानती नहीं थी, मुझे उनसे खास लगाव नहीं था।

मैं असल में तब खुश होती हूं जब मैं अपने कमरे में रात को बैठ कर अपने से बातें करती हूं। यह मुझे पीछे मुड़कर दिन भर के बारे में सोचने का मौका देती है। मैं किताबों से मोहब्बत करती हूं। मुझे उस वक्त असल में गुस्सा आता है जब कोई उधार ली हुई किताबें वापस नहीं करता।

मैं उस वक्त वास्तव में उदास होती हूं जब मेरी बेटी को जुकाम होता है और वह इस कारण ठीक तरह से सो नहीं पाती।

स्वयं के भीतर एक यात्रा कीजिए
(Take a U Turn)

हमारा शरीर एक मशीन है और हमारा दिमाग एक ड्राइवर। हमें वहां तक गाड़ी चलानी है जहां तक हमारा दिमाग ले जाएगा, हमारी मंजिल की ओर।

स्वयं के भीतर मुड़ने का अर्थ है उस क्षेत्र को खोजना जिसके बारे में हमारा दिमाग सोचना और काम करना चाहता है।

यह असल में हमें सही रास्ता दिखाएगा।

सभी काम सृजनशील होते हैं, यदि वह सोच कर किया जाए। और कोई काम मायने नहीं रखता यदि वह खाली दिमाग से किया जाए। वह तो दोहराव है उन चीजों का जो हमने औरों से सीखी हैं।

हमारा शरीर एक मशीन है और हमारा दिमाग एक ड्राइवर। हमें वहां तक गाड़ी चलानी है जहां तक हमारा दिमाग ले जाएगा, हमारी मंजिल की ओर।

सोचिए,

यदि ए.आर. रहमान सीविल इंजीनियर होते।

यदि शेखर कपूर चार्टर्ड एकाउंटेंट का कार्य कर रहे होते।

यदि लिंकन मजदूर होते।

यदि बिल गेट्स स्कूल छोड़कर दिहाड़ी पर लग जाते।

यदि गुलजार आज भी ट्रक चला रहे होते।

इन सभी लोगों ने अपने भीतर झांका और उन्होंने एक अहम फैसला लिया। वर्ना वह वहां नहीं होते जहां वह आज हैं।

एम.बी.ए. करने के बाद मैंने भी अपने भीतर की यात्रा की और सोचा मैं लोगों से दोस्ती करना चाहती हूं और इसी में अपना भविष्य तलाश करना चाहती हूं। इसने मुझे अपने जीवन से अपनी अपेक्षाओं को पूरा करवाने का मौका दिया।

हर आदमी सांस लेता है, पर वह व्यक्ति जीवन जीता है जो दिमाग का इस्तेमाल करता है और वह व्यक्ति सम्राट की तरह जीता है जो अपनी सोच का रचनात्मक क्रियान्वयन करता है।

हमारा दूधवाला हर रोज सुबह 9 बजे दूध लाता था। सारे लोग उससे परेशान थे। एक आदमी ने जब यह देखा तो वह 5 बजे दूध लाने लगा। वो अपनी बाल्टी

लेकर कॉलोनी के बीच बैठ जाता। उसे यह अहसास हो गया था कि लोगों को जल्दी दूध चाहिए।

मेरे कॉलोनी के ही एक दुकानदार ने थोड़ी दूर की सोची। वह अपनी गायें साथ लाकर सामने दूध दूहकर देने लगा। वह छः महीने में एक बड़ा व्यापारी हो गया।

क्या इसे आप सृजनशीलता नहीं कहेंगे।

शहनाज हुसैन से पूछिए, समीर भाटिया से पूछिए, दीपक चोपड़ा से पूछिए, ओपरा विनफ्रे से पूछिए।

क्या है आखिर इन सब में, जो इन्हें खास बनाता है? वह है **उनकी रचनात्मक सोच** (Creative Thinking)।

जया हमारे इंस्टीट्यूट में अपना आत्मविश्वास बढ़ाने आई। वो भाषण देना भी सीखना चाहती थी। उसके पिता उसे साथ लाए। वह ग्रेजुएट थी और उसे एक प्रबंध संस्थान में इंटरव्यू के लिए बुलाया था।

उसके पिता ने कोर्स के बारे में पूछा लेकिन वो स्वयं उदासीन दिखाई दी। बोली, 'मुझे पांच दिन की छुट्टी की जरूरत पड़ेगी।'

मैंने रुककर उसकी ओर देखा और पूछा, 'क्यों?'

मेरी पी.एम.टी. की परीक्षा है।

मैंने चोंककर पूछा 'क्या?'

उसने बड़े ही हल्के ढंग से कहा, 'मैं प्री मैडिकल टेस्ट में बैठ रही हूं।'

'पर यह तो ग्रेजुएशन से पहले दिया जाता है। तुमने तो ग्रेजुएशन कर लिया है।'

'अरे इन बातों से क्या फर्क पड़ता है। मैं अपने इरादे पर अडिग हूं। पांचवीं

बार इम्तहान दूंगी इस साल।' उसने आराम से कहा।

अब वह व्यंवसायिक प्रबन्धन (MBA) कर रही है। जाहिर है उसकी अस्पष्ट, उथली सकारात्मक सोच उसे डॉक्टर नहीं बना सकी।

सकारात्मक सोच का मतलब अंधी आशाएं पालना नहीं है। क्या सकारात्मकता बिना सुदृढ़ आधार के जिंदा रह सकती है। सुदृढ़ आधार (Power thinking) ही सोच की शक्ति देता है।

सकारात्मक सोच के साथ-साथ **ऊर्जा भरी सोच** (Power thinking) होना जरूरी है।

मैंने इटली से आए शरणार्थियों की संतान की तरह जीवन प्रारम्भ किया। फिर मैंने इतनी मेहनत की और फोर्ड मोटर कंपनी का अध्यक्ष हो गया। जब मैं उस कुर्सी पर बैठा तो एक विश्व विजेता होने का अहसास हुआ। लेकिन भाग्य ने मुझसे कहा "रुको। अभी तुम्हारा इम्तहान पूरा नहीं हुआ।" अभी तुम्हें एक सबक और सीखना बाकी है। ये कहानी ली आइकोका ने अपनी जीवनी में लिखी।

उसकी मेहनत तथा ऊर्जा भरी सोच ने उसे दो कार निर्माता अमरीकन कम्पनियों के शिखर पर पहुंचा दिया।

अमेरिका की तीन बड़ी कार कम्पनियों (फोर्ड, जनरल मोटर्स और क्रिसलर) में से दो में उसने अध्यक्ष पद पर काम किया था।

उन्होंने फोर्ड में 1946 से 1978 तक 32 वर्ष तक काम किया। 1956 में फोर्ड कम्पनी ने तय किया कि वो कार में उसके हॉर्स पॉवर और प्रदर्शन से ज्यादा सुरक्षा को महत्व देगी। लेकिन उसका सुरक्षा अभियान बुरी तरह फेल हो गया। कारें बिकनी कम हो गईं और आइकोका के क्षेत्र फिलाडल्फिया में तो सबसे खराब प्रदर्शन रहा।

तब आइकोका ने एक शानदार स्कीम शुरू की। उसने घोषणा की कि जो 1956 में नई फोर्ड कार खरीदेगा उसे केवल 20% पैसे देने पड़ेंगे बाकी

तीन साल की किश्तों में दिए जा सकेंगे। हर महीने 56 डॉलर। उसने अपनी योजना को नाम दिया '56 के लिए 56'। यह योजना तीर की तरह चल निकली। तीन महीने में फिलाडेल्फिया अंतिम स्थान से पहले पर जा पहुंचा।

इस बदौलत उसकी योजना को इस कदर पसंद किया गया कि कम्पनी ने उसे अपनी राष्ट्रीय विक्रय नीति का हिस्सा बना दिया और सिर्फ उसके अनूठे विचार ने 75000 ज्यादा कारें बिकवाईं।

सकारात्मक सोच (Positive Thinking)

+

ऊर्जा भरी सोच (Power Thinking)

=

सफलता

(Success)

सक्षम सोच (Conviction)

ऊर्जा भरी (सक्षम) सोच में जरूरत होती है आत्मविश्वास और निरंतर नए विचारों की।

आत्मविश्वास का अर्थ है पक्का इरादा। यह जरूरी नहीं है कि आपको फल के बारे में पता हो।

रिलायंस इण्स्ट्रीज के मालिक धीरू भाई अंबानी ने एक इंटरव्यू में बताया कि जब वे एक पेट्रोल पंप पर काम करते थे, उन्होंने कभी ये सपना नहीं देखा कि वे पेट्रोल पम्प के मालिक बन जाएं। उन्होंने हमेशा इतना ऊंचा सपना देखा कि उनकी अपनी पेट्रोल रिफाइनरी हो। हालांकि उन्हें नहीं पता था कि ऐसा कैसे, कब, कहां, होगा पर उन्हें अंदर ही अंदर विश्वास था।

लेकिन उन्होंने एक ही शब्द पर भरोसा किया-

विश्वास...

विश्वास

और विश्वास।

अपने मस्तिष्क को शक्ति दीजिए अपना रास्ता स्वयं खोज़ने की।

मुझे हमेशा बातें करना अच्छा लगता रहा है। मैं अपने दोस्तों को परेशानी में देखकर उन्हें तसल्ली देती रही हूं। सलाहें देती रही हूं। कॉलेज में मेरे दोस्त मेरे कंधे पर सिर रखकर सुबकते रहे हैं।

मैं लोगों के विश्वास को जगाती रही हूं। मुझे प्रोत्साहित करना अच्छा लगता है।

'मैं सारी जिन्दगी यही करना चाहती हूं।' धीरे-धीरे यह विचार विश्वास में बदल गया।

मुझे पता नहीं था कि यह मैं कैसे करूंगी। यह कब होगा, कहां होगा। लेकिन मैं यही करना चाहता थी। इसी में मुझे खुशी दिखाई देती थी। जब मैं एम.बी.ए. में अपने साथियों से इस पर बात करती थी तो वो बहुत ज्यादा आश्वस्त दिखाई नहीं देते थे। कुछ तो यह समझते थे कि मैं हवाई किले बना रही हूं।

कुछ तनाव में थे। उन्हें मुझमें क्षमता तो दिखाई देती थी लेकिन उन्हें लगता था कि मैं गलत रास्ते पर हूं। लेकिन मुझे विश्वास था कि मैं सही साबित हूंगी।

समय के साथ विश्वास घर करता गया और मेरा दिमाग रास्ता तलाश करता रहा। मैंने शैलेश से बात की। वह भी परेशान दिखाई दिए। बोले-'देखते हैं।' (बाद में उन्होंने मुझे बताया कि असल में वह इस विचार पर हंसते थे।)

लेकिन मैं लगी रही। और मैंने "व्यक्तित्व निर्माण कार्यक्रम" की रूपरेखा बनाई।

जब मैंने उसे शैलेश को दिखाया तो वह थोड़ा सा बदले हुए दिखाई दिए और उन्होंने हमारे संस्थान के लिए नाम खोजने में मदद की और फिर एक रात खूब विचार-विमर्श, सोच, उतार-चढ़ाव के बाद जन्म हुआ-**स्वैश** (SWASH) का।

स्वैश शब्द के अंग्रेजी वर्ण का अर्थ है यहां प्रतिभा, हाजिरजवाबी, और नजरिये को आकार दिया जाता है। (Skills, Wit, Attitude are shaped here) यह हमारा पहला मानस पुत्र था और यह हमें आज भी बहुत प्यारा है (हमारी बेटी स्वरा के बाद)।

यह मेरा आत्मविश्वास था जो मुझे सक्षम सोच की ओर ले गया और हमारे संस्थान, ***स्वैश को एक सफल संस्थान के रूप में साकार कर गया।***

2. निरंतर विचार संचार

मैंने अपने साथ एक आई.पी.टी. (IPT) पर हस्ताक्षर किए। आई.पी.टी. का अर्थ है

विचार संचार संधि (Idea Proliferation Treaty)

अपने आप से विचार संचार संधि आप कीजिए।

हमारा विश्वास हमें एक मकसद देता है। मकसद सामने होने पर हमारा मस्तिष्क मार्ग ढूंढ़ता है और कार्य को पूर्णता देता है।

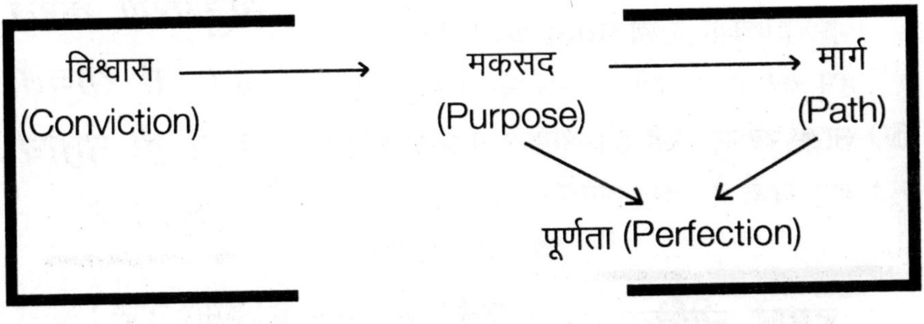

173 उपन्यास, 22 नाटक, सैकड़ों कहानियां और धारावाहिक, बेशुमार लेख लगभग हर विषय पर। इनके रचयिता थे एडगर वालेस। एक बार एक आलोचक ने उससे पूछा, 'रोमांचकारी कहानियों से क्या मकसद हासिल होता है?' उसने जवाब दिया, 'बेटे, मैंने दुनिया के किसी भी मर्द के मुकाबले ज्यादा औरतों को रात भर जागने पर विवश किया है।'

उनकी जिन्दगी का अर्थ था एक सफल उपन्यासकार और नाटककार बनना। उन्होंने अनवरत लेखन को अपनाया। उसने 'द डेविल मैन' नामक उपन्यास शुक्रवार की शाम शुरू किया और सोमवार की सुबह तक खत्म कर दिया। वह रोज 10,000 शब्द लिखते थे। इतवार को वह यह संख्या बढ़ कर 12,000 हो जाती।

वह शाश्वत आशावादी थे। उन्होंने अपने चुने हुए मार्ग को प्रशस्त किया। इतना प्रशस्त किया कि उन्होंने हर धारावाहिक को वादे के अनुरूप पूरा किया। पूर्णता उनकी आदत में शामिल हो गई। लोग उनकी कहानियों के दीवाने थे।

हमें इरादे और मार्ग को पूर्णता के संदर्भ में देख कर चलना होगा क्योंकि जो लोग सोचते नहीं, वे सिर्फ अनुसरण करते हैं।

जो लोग सोचते नहीं वे सिर्फ अनुसरण करते हैं। जो सोचते हैं वे ही नेतृत्व करते हैं।

जो सोचते हैं वे ही नेतृत्व करते हैं।

हम गरीबी हटाओ के नारे के बारे में पिछले 50 सालों से सुन रहे हैं। लेकिन गरीबी अभी भी मुंह बाए खड़ी है। क्या आपने कभी कारण जानने की कोशिश की है?

हमारे नीति निर्धारक आवश्यकताओं के पुजारी हैं उपलब्धियों के नहीं।

कारण बड़ा साफ है। हमारे नीति निर्धारक आवश्यकताओं के पुजारी हैं उपलब्धियों के नहीं। वे हमेशा आर्थिक रियायतें, आरक्षण जैसे चीजों के पक्ष में हजार दलीलें दे डालते हैं क्योंकि लोगों को उसकी आवश्यकता होती है।

उन्होंने यह कभी नहीं सोचा कि जरूरत हो सकती है पर क्या वह व्यक्ति की योग्यता भी

बन सकती है। आवश्यकताओं की पूर्ति अगर बिना प्रयासों के होगी तो गरीबी बढ़ेगी।

यदि लोगों को सोचने पर विवश किया गया होता, यदि लोगों ने अपने से विचार संचार संधि की होती तो वे ज्यादा सुखी होते।

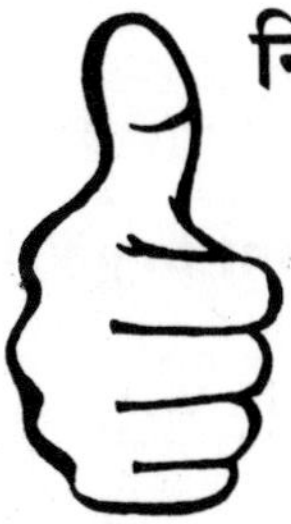

लेकिन हमारी सरकार,
हमारा प्रजातंत्र बैसाखियां
निर्माण करने में लगा हुआ है।
आरक्षण और छूट की
बैसाखियां।
काश! हम लोगों को
उज्ज्वल विचारों की
ठोस सीढ़ियां प्रदान कर पाते।

लेकिन हमारे नीति निर्धारक नहीं चाहते कि लोग सोचें। विचार उत्पन्न करें।

जिस दिन ऐसा होगा उस दिन सबसे पहले हमारे इन तथाकथित भाग्यविधाताओं को ही भागना होगा।

आगे पढ़ने से पहले अपने भीतर मुड़िए और एक विचार संचार संधि पर दस्तखत कीजिए। अपने दिमाग का इस्तेमाल कीजिए और इन तीन सवालों का जवाब दीजिए :

1. मैं कहां हूं? (Where am I)

....

....

....

....

2. मैं कहां जाना चाहता हूं? (Where do I want to go?)

....

....

....

....

3. मैं वहां कैसे पहुंचूंगा? (How do I get there?)

....

....

....

....

सूत्रधार

अब तक आप अपने से मिल चुके हैं। आपने महसूस किया होगा कि आपकी दिक्कतें क्या हैं और उन्हें अपनी शक्तियों में कैसे बदल सकते हैं। लेकिन यह काफी नहीं है।

यदि किसी को कोई बीमारी नहीं है तो इसका अर्थ यह नहीं है कि वह स्वस्थ है। स्वस्थ होने के लिए कुछ और चाहिए। स्वस्थ आदतें, स्वस्थ मस्तिष्क और दैनिक कसरत की आदत।

इसी प्रकार हमें अपनी शक्तियों को बढ़ाना होगा खासकर उन्हें जो हैं लेकिन जिनसे हम अनजान हैं।

इस पुस्तक का अंतिम अध्याय को उन गुणों को विकसित करने में मदद करेगा जो आपका बनाएगा "भीड़ से अलग एक चेहरा"।

शुरू के अध्यायों (II, III, IV) में हमने आपको चेताया कि अपने जीवन को बिखरने कैसे न दें।

पिछले अध्यायों (V, VI, VII) में हमने बताया कि जीवन को कैसे प्रेरित करें। अंतिम अध्याय में हम आपको यह जानकारी देंगे कि अपने जीवन से अधिकतम कैसे प्राप्त करें।

शुभकामनाएँ।

सफलता ऐसे

अलग-अलग लोग अलग-अलग क्षेत्र में सफल होते हैं। वे भिन्न-भिन्न प्रतिभाओं के कारण सफल हैं। सफलता के मानदंड बदलते रहते हैं। लेकिन एक बात साझी होती है-उपलब्धियों का अहसास, जब आप मुट्ठी भींच कर यह कह सकें-`हां, मैंने यह कर दिखाया।'

आप पेड़ों के बारे में तो जानते ही हैं। कुछ में फल लगते हैं, कुछ में सुन्दर फूल और कुछ में बड़ी-बड़ी अलग सी पत्तियां होती हैं। सब अलग-अलग हैं लेकिन एक बात साझी है कि हर पेड़ की एक जड़ होती है। हम सफल लोगों की जड़ों के बारे में बात कर रहे हैं।

हम उन जड़ों के बारे में बात कर रहे हैं जो कि अनूठे पेड़ों को जन्म देती हैं।

सफल लोगों की यह जड़ उनके जीवन को संचालित करती है।

ये अच्छे गुण ही असफल लोगों और सफल लोगों के बीच भिन्नता पैदा करते हैं। ये वे गुण हैं जो सभी लक्ष्यभेदी लोगों में होते हैं। आइए इन पर एक निगाह डालें और अपने को पूर्णतः बदलने की कोशिश करें।

उत्कट आकांक्षाएं (Acute Aspirations)

पिछले साल मैं कलकत्ता गई एक वर्कशॉप के लिए। अचानक एक भीषण दांत दर्द ने जकड़ लिया। मैंने एक डॉक्टर से टाइम लिया। एक अधेड़ लेडी डॉक्टर ने स्वागत किया। मैं दर्द से कराह रही थी। उसने फौरन मेरा जबड़ा खुलवाया और काम में लग गई।

उसने कहा, 'आपने वो किताब पढ़ी है 'दि रोड लेस ट्रैवल्ड'। इसके लेखक हैं एम. स्कॉट पैक। बहुत अच्छी किताब है। आंखें खोल देती है। आपको आशापूर्णा देवी को भी पढ़ना चाहिए। बहुत अच्छा लिखती है। क्या विचार है उनके।' वो बोले जा रही थी।

'आप राजस्थान में रहती हैं। मुझे बताया था मेरे सेक्रेटरी ने। क्या आपके पास किशनगढ़ शैली की कोई पेंटिंग है। मेरे पास एक है। बहुत खूबसूरत है। मैं भी इस शैली को सीखना चाहती हूं।'

वो मेरे मुंह में तरह-तरह के औजार डालकर न जाने क्या-क्या कशीदाकारी कर रही थी।

'मुझे इस स्थान से बेहद प्यार है। मैं यहां 30 साल से रह रही हूं। तुम्हें यहां पूरा घूमना चाहिए। यदि इस जगह के बारे में विस्तार से जानना

चाहती हो तो यहां एक बहुत पुरानी लाइब्रेरी है।'

'कैसा लग रहा है अब? उसने अपने हाथ धोते हुए कहा।

'जल्दी ठीक हो जाओगी। मैं दवा दूंगी। इस बीच तुम अपने दिमाग को उलझाए रखो। अच्छी चीजें सोचो। बाकी मैंने कर दिया है।'

मुझे याद है कि उसकी बातों ने मुझे दर्द का ज्यादा अहसास नहीं होने दिया।

मैंने कहा, 'अब मैं बोल सकती हूं। आपका बहुत-बहुत शुक्रिया।'

मरीज की कुर्सी से उठने के बाद एक बड़े शीशे में देखा तो मुझे बहुत

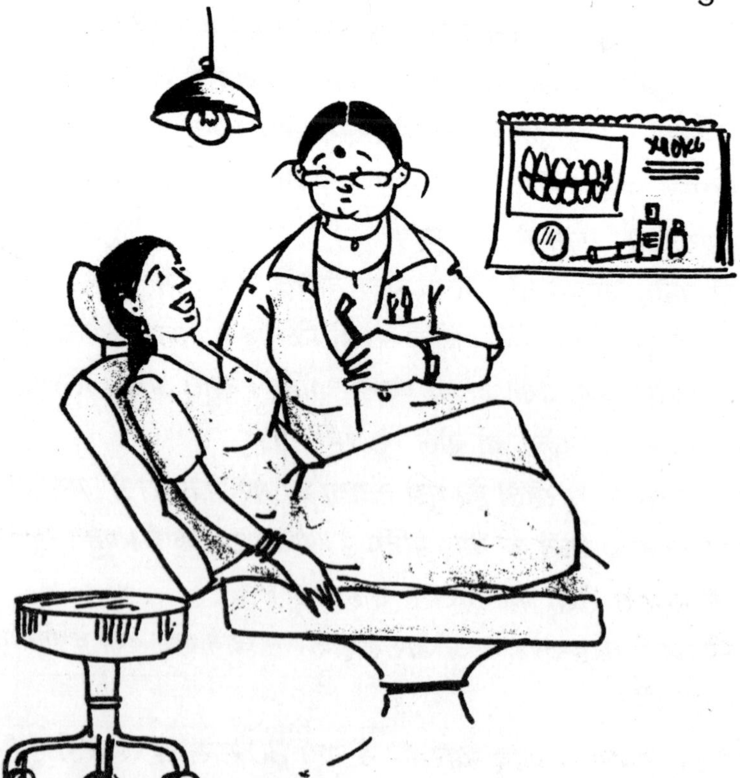

सारी अलमारियां दिखाई दीं। 'क्या ये सब किताबें दांतों के बारे में हैं?' मैंने प्रश्न किया।

'अरे नहीं भाई। इनमें साहित्य है, खेल-कूद है। हां, दांत का दर्द भी है। लेकिन जीने की कलाएं भी हैं।' डॉक्टर साहिबा ने बताया।

'आपको किताबें बहुत पसंद हैं।'

'हां, हैं तो सही। मैं छोटी सी लाइब्रेरी भी चलाती हूं।'

'तो आप डॉक्टर होने के साथ-साथ लाइब्रेरियन भी हैं।' मैंने आश्चर्य से पूछा।

'मैं आधी डॉक्टर हूं चौथाई लाइब्रेरियन और बाकी चौथाई पेंटर।' उन्होंने विस्तार से बताया।

'इतनी सारी चीजें एक साथ कैसे कर लेती हैं।' मैंने और कुरेदा।

'कहां कर पाई।'

'मैं लेखक बनना चाहती हूं लेकिन किसी ने मुझे छापा ही नहीं। मैं गायिका बनना चाहती थी लेकिन किसी ने मौका नहीं दिया। मैंने पैराग्लाइडिंग की कोशिश की लेकिन मेरी आंखें धोखा दे गईं।'

'इसलिए मैं सिर्फ एक डॉक्टर हूं, पुस्तक प्रेमी हूं और पेन्टर।'

'आप इतनी सारी चीजों में एक साथ कैसे दिलचस्पी ले सकती हैं।' मैंने हैरान होकर पूछा।

'छोड़ो भी, एक जीवन मिलता है महत्वाकांक्षाओं की पूर्ति के लिए।' उसने बात खत्म कर दी।

हां, वह बिल्कुल ठीक थी। जब हम अपनी महत्वाकांक्षा को विस्तार देते हैं तो और अधिक प्रयास करते हैं तो इस प्रक्रिया में हमें ज्यादा परिणाम मिलते हैं। हम कभी-कभी असफल भी हो जाते हैं, फिर भी कुल मिलाकर परिणाम बड़ा और बेहतर ही रहता है।

याद रखिए

यदि आप सातवें आसमान पर पहुंचने की सोचेंगे तो कम से कम चौथे तक तो पहुंच ही जाएंगे। लेकिन यदि आप पहले या दूसरे की ही कोशिश करेंगे तो हो सकता है कि अपने घर की छत पर ही अटक जाएं।

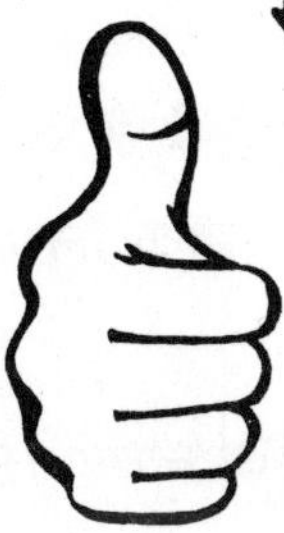

महत्वाकांक्षी होना
सफलता की पहली सीढ़ी है।
महत्वाकांक्षी होना
उन सोपानों का चयन है
जिन पर आप
एक-एक करके चढ़ेंगे।

अनवरत प्रयास

(Perennial Persistence)

दोस्त बनाइए अपना, लगातार कोशिश करें
परिश्रम करते रहिए, चाहे जो कुछ भी हो।
(Incessent persistence always pay.
Always perspire, come what may.)

उसके पैदा होने से 3 महीने पहले उसके पिता का एक कार दुर्घटना में देहांत हो गया था। जब वह एक बच्चा था तब वह अपने एक राजनितिज्ञ चाचा के लिए पर्चे बांटता था। जब वह हाई स्कूल में पहुंचा तो एक बार वह व्हाइट हाउस गया और उसने वहां राष्ट्रपति कैनेडी के साथ हाथ मिलाया। जॉर्ज टाउन विश्वविद्यालय में पहले ही साल उसने एक चुनाव लड़ा और जीत गया।

1974 में उसने अमरीकी संसद के लिए चुनाव लड़ा लेकिन जीत नहीं पाया।

1978 में वो साठ प्रतिशत से अधिक वोट लेकर अरकंसा (Arkansas) का गवर्नर निर्वाचित हुआ।

1980 में कुछ गलत फैसलों और अहंकारी कार्यशैली के कारण वह दोबारा नहीं जीत पाया। उसने अपनी गलतियों से सबक लिया।

और 1982 में फिर विजय प्राप्त की।

उसके बाद वो तीन और बार गवर्नर बना। अंततः 3 अक्टूबर 1991 को वह क्षण आया जिसका उसे काफी लंबे समय से इंतजार था। उसने घोषणा की कि वो अमेरिका में राष्ट्रपति पद का चुनाव लड़ेगा और वह जीत भी गया।

उसका नाम था बिल क्लिंटन।

उसका सपना अंधा नहीं था। वह जीवन भर की तपस्या थी। उसने न जाने कितनी रातों की नींद खराब की होगी।

क्लिंटन ने 1980 में दोबारा चुनाव न लड़ पाने के अवसर पर कहा था, 'जैसे ही मैं हार का मुंह देखता हूं तो मेरा दिमाग यह सोचने लगता था कि मैं कैसे सक्रिय रहूं और कैसे वापस लौटूं।'

मेहनत कीजिए लेकिन बिना योजना के नहीं। एक-एक कदम उठाइए। जब एक कदम उठा चुके हों तब अगले की तैयारी कीजिए।

जब आप कोशिश करेंगे तो हो सकता है असफल हों।

आप निश्चित रूप से असफल होंगे अगर आप कोशिश ही नहीं करेंगे।

फैसला आपका है।

अद्भुत आवेग (Pure Passion)

कोई भी वास्तविक उपलब्धि नहीं हासिल की जा सकती यदि उसका दिल से जुड़ाव न हो।

कोई भी वास्तविक उपलब्धि कभी हासिल नहीं की जा सकती यदि उसका दिल से जुड़ाव न हो। मन ही उस इच्छा को पैदा करता है जो कि मस्तिष्क को संचालित करती है। जितनी बड़ी इच्छा होगी उतने अच्छे परिणाम होंगे।

पर रुकिए।

यह इच्छा, यह उमंग, यह उत्साह एक आवेग होना चाहिए उन्माद नहीं।

आकांक्षा क्षणिक नहीं होती, न ही उन्मादी होती है।

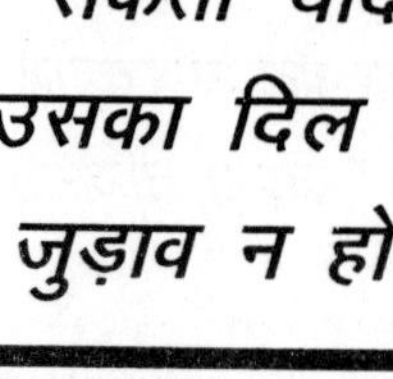

मशहूर उपन्यासकार पर्ल एस. बर्क ने एक बार ताजमहल को देखकर कहा था 'यह अनूठा है। इसके प्रेरक तत्वों में फारसी, हिन्दू और इस्लामी

सभ्यताओं का किसी न किसी रूप में समावेश हुआ है। लेकिन सबसे बड़ी बात तो यह है कि यह दिल की आवाज है।'

1593 में जन्मी अर्जुमंद गजब की खूबसूरत थीं। उसका निकाह 1612 में शहजादे खुर्रम से हुआ था। जो बाद में हिन्दुस्तान के बादशाह शाहजहां के नाम से मशहूर हुए। तब उसके ससुर ने उसे मुमताज महल का खिताब बख्शा था। एक मर्द के बतौर शाहजहां के चरित्र की सबसे बड़ी विशेषता थी उनकी मुमताज महल के प्रति बेपनाह मोहब्बत।

1631 में इस प्रेमकथा का दुःखद अंत हुआ जबकि मुमताज महल एक बच्चे को जन्म देने के दौरान इस जहां से कूच कर गई। शाहजहां बैरागी हो गए। अगले साल उन्होंने 20,000 मजदूरों और हिन्दुस्तान, बुखारा और तुर्की तक से नक्काशीकारों को बुला कर ताजमहल बनाने का काम सौंपा।

इस अभियान में 22 साल लगे।

ताजमहल शाहजहां की मोहब्बत का प्रतीक था। वो साथ ही में काले संगमरमर का एक और ताजमहल बनाना चाहते थे और दोनों को यमुना पर पुल बिछाकर जोड़ना चाहते थे। लेकिन यह सपना अधूरा रहा। शाहजहां के साथ यह भी दफन हो गया और उसके बेटे औरंगजेब ने उन्हें भी मुमताज महल के साथ कब्र में लिटा दिया। काला ताजमहल कभी साकार नहीं हो पाया।

जो आग भीतर जलती है वही बाहर हजारों दीयों की रोशनी देती है।

आवेग कहता है, "रुको मत, चलते रहो"
आवेग कहता है, "ढलो मत, निखरते रहो।"

हमारा दिल हमारे शरीर को समझाता है कि कड़ी मेहनत करो और करते रहो।

8 वर्ष की उम्र में एक बच्चे ने हाई स्कूल के बराबर डिप्लोमा लेने की ठानी। 12 बरस की उम्र तक आते-आते वो अपने परिवार के साथ बैठा-बैठा यह सोचा करता था कि किस तरह मछली पकड़ने के लिए कई कांटों को एक तार के साथ बांध दिया जाए। उसका प्रयोग सफल भी हुआ और उसने अपने परिवार के लिए अनगिनत मछलियां पकड़ डालीं।
17 वर्ष की उम्र में उसने एक अखबार की सदस्यता बेचने की शुरुआत की। उसने महसूस किया कि नवविवाहित जोड़े सबसे मुफीद ग्राहक हो सकते हैं। उसने अपने मित्रों की सहायता से नवविवाहतों के पते ढूंढ़कर उन्हें एक व्यक्तिगत पत्र लिखा तथा दो हफ्तों की मुफ्त सदस्यता की पेशकश की। इससे उसने 18000 डॉलर कमाए। एक महंगी BMW कार खरीदी।
अगले साल उसने कम्प्यूटर खरीदने शुरू किए और उनमें सुधार लाता रहा। इस तरह उसने हर ग्राहक की आवश्यकता की अनुसार कम्प्यूटर बनाने शुरू कर दिए। यह सब काम वह अपने कमरे से करता था। वह कॉलेज में था जरूर पर उसका मन पढ़ाई में नहीं लगता था। उसे कम्प्यूटर बेचने का चस्का लग गया था।
एक दिन उसके पिता ने पूछा, 'आखिर तुम करना क्या चाहते हो?'
उसने सीधा सा जवाब दिया, 'मैं आई.बी.एम. कंपनी से मुकाबला करना चाहता हूं।'
19 वर्ष की उम्र में उसने अपनी एक कंपनी बना डाली जिसका नाम था 'डेल कम्प्यूटर कारपोरेशन।' उसका नाम था **माइकल डेल** जो कि एक प्रतिबद्ध सृजनात्मक उद्यमी का जबर्दस्त उदाहरण है।

जीवंत परिकल्पना (Vivid Visualisation)

हर सुबह मैं अपनी आंखें बंद करता हूं।
उस भविष्य को देखने के लिए जो मेरे लिए खास है
हर रात मैं अपनी आंखें बंद कर लेता हूं।
और देखता हूं कि मेरा लक्ष्य थोड़ा और मेरे पास है।

यह अजीब लग सकता है। सुनने में भी अटपटा हो सकता है। मैं हर उस चीज़ को आंखें बंद करके देख सकती हूं जो मेरे लिए महत्वपूर्ण है।

मैं पहली बार स्टेज पर 9 वर्ष की उम्र में गया। सितम्बर 1981 में मैंने पहला कविता पाठ किया। मंच पर वरिष्ठ कवि मौजूद थे। मुझे सराहा गया। सम्मेलन समाप्त होने के बाद अनेक लोग मेरे हस्ताक्षर (Autograph) लेने आए। जैसे-जैसे मैं बड़ा होता गया मेरी कल्पना भी सशक्त होती गई।

ईश्वर के आशीर्वाद ने मुझे हस्ताक्षर करने के लिए लाखों मौके दिए और अभी भी दे रहे हैं।

जब मैंने ह्यूस्टन, न्यूयॉर्क, शिकागो में कविता पाठ किया और लोगों ने खड़े होकर कई मिनट तक तालियां बजाईं। यह मेरी बचपन से साथ पलती हुई कल्पनाओं का मूर्त रूप में देखने की सर्वाधिक सुखद अनुभूति थी।

मुझे लोगों की तारीफ अच्छी लगती है खासतौर से अनजान लोगों की। मैंने बचपन से हमेशा कल्पना की कि भीड़ ने मुझे घेर रखा है। लोग तालियां बजा रहे हैं। मेरे ऑटोग्राफ ले रहे हैं। मैंने मेहनत की कि मेरा यह सपना साकार हो सके।

पहले ही मन की आंखों से सपने पूरे होते देखने से उन्हें वास्तविकता में साकार करने में कुछ मदद मिलती है।

- शैलेश

जब कभी एक नया विचार मेरे मन में आता है तो मैं अन्तिम लक्ष्य को आंखें बंद करके देख सकता हूं। और फिर मैं उस पर काम करना शुरू कर देता हूं। कई कवि आखिरी लाइन पहले लिखते हैं और फिर शुरुआत करते हैं।

जब कभी हम कोई वर्कशॉप चलाते हैं तो सबसे पहले अंत की कल्पना करते हैं। हम पहले ही कल्पना में देखते हैं, भाग लेनेवालों के चेहरे पर संतोष। तब हम सोचते हैं कि कैसे एक सशक्त तरीके से उन्हें संबोधित किया जाए। वह सोच कर हम अपनी तैयारी करते हैं और कभी हमें अफसोस नहीं हुआ।

प्रयासरत रहिए (Keep Jumping)

दुनिया में अवसर फैले हुए हैं।

उछलो और पकड़ लो।

उसके माता-पिता ने हमेशा उससे कहा, 'वहां एक ईश्वर है जो तुम्हारी देख-भाल करेगा, चाहे कुछ भी हो जाए। उसने ईश्वर से कहा, 'मेरा ख्याल रखना।'

जब वह बड़ा हुआ तो उसके गांव में बाढ़ आ गई।

वह अपने घर के दरवाजे पर खड़ा था। 'जल्दी आ जाओ, हमें बचाने के लिए आई बस छूट जाएगी, तुम यहां रह जाओगे।' एक दोस्त चिल्लाया।

'नहीं, मैं ईश्वर का इंतजार कर रहा हूं।' उसने कहा। और वह पहली मंजिल पर चढ़ गया। पानी चढ़ता रहा।

एक नाव आई लोगों को बचाने के लिए। लोगों ने कहा, 'नाव में आ जाओ।'

उसने फिर जवाब दिया, 'नहीं, मैं ईश्वर की प्रतीक्षा कर रहा हूं।' और वह दौड़ कर छत पर चढ़ गया।

फिर हैलीकॉप्टर आया। उसने रस्सी फेंकी। लोगों ने कहा "रस्सी पकड़ कर चढ़ आओ।" उसने मना कर दिया। पानी और चढ़ा और वह डूब गया।

जब वह स्वर्ग में पहुंचा तो ईश्वर से बोला, 'तुमने मेरा विश्वास तोड़ दिया। जब मुझे जरूरत थी तब तुम क्यों नहीं आए।'

ईश्वर ने शांत भाव से कहा, 'मैंने बस भेजी, नाव भेजी, हेलीकॉप्टर भेजा लेकिन तुम नहीं गए। मैं क्या करता।'

**अवसर दबे पांव आते हैं।
उनकी पदचाप को
महसूस कीजिए।**

सुख संजोइए (Harbour Happiness)

खुशी हमारी चेतना की एक स्थिति है जो कि व्यक्ति के मूल्यों की उपलब्धि के हिसाब से घटती या बढ़ती है।

हमें खुशी को लेकर मिथ्या धारणाएं हैं। हम खुशी और क्षणिक उन्माद (euphoria) में अंतर नहीं कर पाते।

जब भारतीय क्रिकेट टीम का कोई खिलाड़ी छक्का लगाता है तो लोग उन्मादी हो जाते हैं। उन्माद महासागर की लहरों जैसा होता है। जैसे उठता है वैसे ही बैठ जाता है। बुलबुले की तरह फट पड़ता है।

च्विंगम की तरह यह पहले मीठा स्वाद देता है, बाद में मुंह सूख जाता है।

उन्माद (euphoria) महासागर की लहरों जैसा होता है। जैसे उठता है वैसे ही बैठ जाता है। बुलबुले की तरह फट पड़ता है।

मेरा एक चचेरा भाई कविता लिखता था। वह मेहनती था और दसवीं क्लास में उसने सभी विषयों में विशिष्टता हासिल की। उसे जबर्दस्ती विज्ञान दिलवा दिया गया।

वह मान भी गया। सोचा सभी समझदार लोग ऐसा करते हैं। उसने भौतिकी और रसायन पढ़ना शुरू कर दिया। लेकिन उसकी कोई दिलचस्पी नहीं थी। जब उसका यह ज्वर उतर गया कि वह सिर्फ विज्ञान पढ़कर बुद्धिमान माना जाएगा तो यह अहसास हुआ कि वह दर्शन और मनोविज्ञान पढ़ना चाहता है। उसने प्लेटो का रिपब्लिक पढ़ना शुरू किया तो उसे अपनी पसंद मिल गई। वह दूसरों को समझा तो नहीं पाया लेकिन उसके आनंद का पारावार नहीं था। उसने कहा, 'मुझे बहुत शांति मिल रही है। मैं बहुत खुश हूं।'

आज वह अपने प्रिय विषयों के साथ आई.ए.एस. की तैयारी कर रहा है। यह खुशी वह झरना है जो हमेशा बहता रहता है। इस खुशी का परिणाम से कोई सम्बन्ध नहीं। अब्राहम लिंकन उस समय भी खुश था जब वह

जीतने के लिए संघर्ष कर रहा था। उसे प्रयासों में ही खुशी हासिल होती थी क्योंकि उसका संघर्ष उत्साह से भरा हुआ था।

यह खुशी जीवन के प्रति प्यार से आती है। हर सुबह हम खुश होते हैं क्योंकि उस समय हम ऊर्जा से भरे होते हैं। सारा दिन हमारे सामने होता है। मुझे इस बात की खुशी होती है कि मैं अगले चौबीस घंटे अपने हिसाब से संवार सकती हूं। मैं खुश हूं कि क्योंकि मुझे अपना दिन निर्मित करने का मौका मिला है। किसी खास वजह से नहीं, कोई बड़ी उपलब्धि भी नहीं। पर यह खुशी शब्दों से परे है। यह वह खुशी है जो व्यक्ति को उसकी आकांक्षाओं के मुताबिक जीवन जीने में मदद करती है। उसे स्वीकार करने में जो उसके हाथ में है और जो वो करना चाहता है।

दोस्तों, यही खुशी आपकी स्थायी मित्र है। यह उन मोतियों के समान है जो हमेशा समुद्र में रहते हैं लेकिन उन तक पहुंचने के लिए हमें अतिरिक्त प्रयास करना पड़ता है। हमारी क्षणिक खुशियां उन सीपियों के समान हैं जो कि समुद्र के किनारे फैली रहती हैं।

मैंने कुछ चेहरों पर इस खुशी को देखा है। यह हमेशा बनी रहती है। चाहे जिन्दगी में कुछ भी होता रहे।

जब जीवन में कुछ चीजें दुःख पहुंचाती हैं, तब भी बहुत सी चीजें खुशी भी देती हैं अगर हम देख सकें तो।

आप इन क्षणों को बटोरिए। अपने दिन का निर्माण कीजिए। आनंद मिलेगा। सफलता मिलेगी। खुशी नजर नहीं आती, महसूस की जाती है।

प्रशंसा करने की कला (Art of Apprciation)

किसी की आलोचना करना बड़ा आसान है लेकिन असल में सफल लोग अपने मस्तिष्क को इस तरह का बना लेते हैं कि उन्हें हर चीज सकारात्मक व खूबसूरत लगती है।

प्रशंसा पत्तियों पर ओस की बूंदों के समान होती है। केक पर बिछी क्रीम जैसी और संगीत की स्वर लहरी पर आलाप के समान।

यदि कुछ अच्छा लगता है तो प्रशंसा कीजिए यदि कुछ भी प्रशंसा के लायक नहीं तो चुप रहिए।

ईमानदारी से की गई प्रशंसा व्यक्ति को स्वीकार्य बनाती है। रुचिपूर्ण बनाती है। लोग उससे बात करना चाहते हैं। कई दफा हम किसी को पसंद करते हैं लेकिन कहते नहीं। कहना जरूरी है। इससे दूसरों को राहत मिलती है और आपकी सफलता कायम रहती है।

असल में सफल लोग चापलूसी नहीं करते क्योंकि चापलूसी कुरूप प्रशंसा है। यह कुछ पाने के लिए की जाती है जबकि ईमानदारी से की गई प्रशंसा अपने आप में एक लक्ष्य होती है।

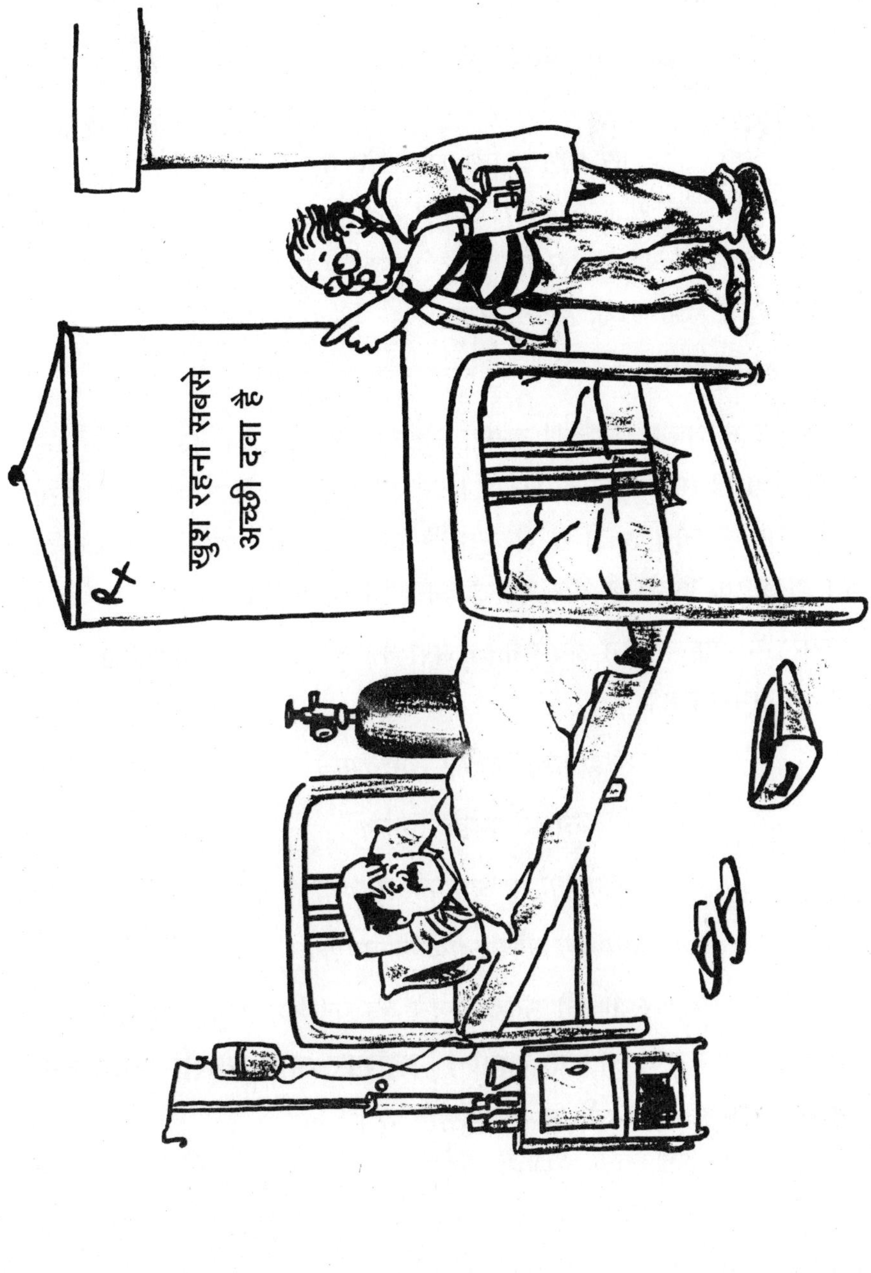
Rx
खुश रहना सबसे
अच्छी दवा है

सहजानुभूति पैदा कीजिए (Evoke empathy)

कुछ बच्चे सर्कस देखने के बाद बस स्टॉप पर खड़े थे। हरेक के हाथ में एक गुब्बारा था। तभी एक हाथ से धागा छूट गया और वह बच्चा रोने लगा। तभी एक दूसरे बच्चे ने उसे देखा, अपनी बंद मुट्ठी आगे की और अपना गुब्बारा छोड़ दिया। धीरे-धीरे सारा आकाश छोड़े गए गुब्बारों से भर गया। रोता हुआ बच्चा हंसने लगा।

कर्ज देना आसान है। संवेदनशीलता देना मुश्किल।

"असल में सफल व्यक्ति" दूसरों की बात सुनता है। मूलतः असफल (Raw Failure) सहानुभूति बटोरते हैं। बनावटी लोगों के पास वक्त नहीं होता है। शुद्ध सफल लोग शब्दों से सहानुभूति नहीं दिखाते। ध्यान से सुनते हैं। जीवन के झटके सहते हैं और दूसरों को शांत करते हैं।

असल में सफल लोग अपने को दूसरों की स्थिति में रखकर देखते हैं। दूसरों को समझते हैं।

मुझे नहीं चाहिए सहानुभूति
ना ही कोई उपदेश
मुझे चाहिए आपकी संवेदना
आपका मौन स्वीकृति संदेश।

दोस्तों और पड़ोसियों की मदद करने की कोशिश कीजिए। उन तक पहुंचिए। वे जवाब न दें तो रुक जाइए। **`आखिर आप किसी साही को सहलाने लायक तो नहीं बना सकते न।'**

विजयी विश्वास (Crude Confidence)

आपने सुना होगा लोग कहते हैं मैं यह कर सकता हूं।

जीवन में एक ही सत्य है-`मैं कर सकता हूं।'

विश्वास हमें एक असमाप्य भरोसा देता है। यह ऊर्जा से भर देता है। यहां तक कि स्वघोषित सफल लोग भी जीतना चाहते हैं। उनमें भी अपने लक्ष्यों को प्राप्त करने का मन में विश्वास होता है। लेकिन क्या ये काफी है?

एक छोटा बच्चा एथलीट था। स्कूल का चैंपियन। वह अपने पिता के साथ रोज अभ्यास करता था। उसके पिता ने एक घड़ी दी थी जिस पर लिखा था, 'अगर तुम कोई चीज बेहद चाहते हो तो वह तुम्हें मिल जाएगी।' वह पूरी लगन से दौड़ता था। एक बार वो हार गया। उसका मन दुःख से भर गया। उसे लगा जीवन में हर बार सब कुछ सही नहीं मिलता। मेहनत करने पर भी नहीं।

उम्मीद रखने पर हासिल करना विश्वास जगाता है। लेकिन असफलता को हिम्मत से स्वीकार करना अधिक विश्वास की मांग करता है। **असल में सफल** (Real Success) लोग अपने निरंतर विश्वास से जीतते हैं लेकिन वे असफलताओं का मुकाबला भी उसी विश्वास से करते हैं। वे श्रेष्ठ की उम्मीद करते हैं लेकिन निक्रिष्टतम के लिए तैयार रहते हैं।

जब आप असफलताओं को निर्भिकता से स्वीकार करेंगे,
जब आप दुःखों को गरिमा से झेलेंगे,
जब आप व्यंग्य बाणों को सौम्यता से लेंगे
तभी आप में पक्का विश्वास जगेगा।

सफलता के लिए विश्वास पैदा कीजिए। असफल होने पर उस विश्वास को कायम रखिए।

लौह प्रतिबद्धता (Iron clad commitment)

हमें लोगों के भरोसे की जरूरत है

लेकिन उससे ज्यादा जरूरत है

भरोसे के लोगों की।

We need the words of men but most important are the "MEN OF WORDS"

असल में सफल व्यक्ति भरोसे का होता है। अपने और दूसरों के प्रति ईमानदार। उसकी प्रतिबद्धता परिस्थितियों पर निर्भर नहीं करती। वे अपने आप में पूर्ण होती है। प्रतिबद्धता आपका अपने प्रति एक जुड़ाव है।

रॉनचन्द्र डेडले का जन्म 18 अप्रैल 1934 को हुआ था। वह बड़े सरकारी ओहदे वाले सिंगापुरी पिता का इकलौता पुत्र था। उसके पहले 16 साल खूब आराम से गुजरे थे। रसल्स संस्थान में उच्च शिक्षा प्राप्त करने के बाद उसे इंगलैंड में डॉक्टरी पढ़ने का मौका मिला। 1952 में एक अच्छा मस्तिष्क सर्जन बनने का उसका सपना बिखर गया जब रग्बी खेलते समय उसके सर पर चोट लग गई। चार साल में वह

अंधा हो गया। शुरू में वह अपने माता-पिता के घर से जाने का इंतजार करता और फिर चिल्लाता, 'मैं अंधा हूं, मैं अंधा हूं।' वह उस क्रूर तथ्य को स्वीकार करना चाहता था। कुछ समय तक स्वयं पर दया दिखाने के बाद उसने जीवन में कुछ करने का फैसला किया।

उसने सिंगापुर की अंध संस्था को अपनी सेवाएं अर्पित कर दीं और लंदन अर्थशास्त्र विद्यालय से सामाजिक एन्थ्रोपॉलिजी में पढ़ाई शुरू कर दी। उसने एक ऐसी पद्धति का आविष्कार किया जो अंधों को पहले घर पर फिर अंध विद्यालय में और बाद में सामान्य स्कूल में पढ़ाना सिखाती थी। उसने एक अंतर्राष्ट्रीय विकलांग संगठन बनाया। उसने हजारों लोगों के जीवन को सामान्य बनाने में महत्वपूर्ण योगदान दिया।

(Readers Digest, Aug. 1988)

महात्मा गांधी, नेल्सन मंडेला,
अब्राहम लिंकन, बिल गेट्स, स्टीफन हॉकिन्स और
फ्लोरेंस नाइटिंगल।
क्या यह सिर्फ नाम हैं?
हां, नाम तो हैं लेकिन कुछ और भी हैं।
वे प्रतिबद्धता के पर्याय हैं।

हमारी प्रतिबद्धता हमारे संगठन की सफलता में अनुदित हुई है।

स्वैश पर्सनालिटी डेवलपमेंट प्रा. लि.

और हमारा प्रतीक चिह्न है हमारी सृजनात्मकता और प्रतिबद्धता की पहचान।

हास्य की समझ सफलता सहज
(Humour : Hone the funny bone)

असल सफल व्यक्ति हंसमुख होते हैं। आंखों में भले ही आंसू भरे हों लेकिन वे हंसते दिखाई देंगे और जब उनका दिल हंसी से फूट पड़ने को होता है तब भी आंखें भर जाती हैं।

मेरे लिए, हास्य ठहाकों और आंसुओं का पर्याय है।

- वाल्ट डिज़नी

हंसने की कला कोई इक्का-दुक्का चुटकुला सुनाने जैसा नहीं है। यह अस्तित्व का औजार है। यदि आपके पास हंसने की कला नहीं है तो कोई कला नहीं है। हंसने की कला चीजों, स्थितियों और लोगों को हल्के-फुल्के और सकारात्मक तरीके से देखना सिखाती है। असल में सफल व्यक्ति सकारात्मक ढंग से प्रशंसा करते हैं और हंसी-मजाक पर बुरा नहीं मानते। वे उत्साह फैलाते हैं। उनकी सकारात्मकता चारों तरफ फैलती रहती है और परिणामस्वरूप उसकी खुशबू बिखेरती है।

वे दूसरों पर नहीं हंसते लेकिन खुद पर हंसना जानते हैं। वे स्वाभाविक होते हैं।

लोगों पर मत हंसिए,
उनके साथ हंसिए।
Don't laugh at people
Laugh with them.

प्रयासों को प्रोत्साहित कीजिए

तुम मेरी चापलूसी करो, मैं शायद विश्वास नहीं करूंगा
तुम मेरी आलोचना करो, मैं शायद पसंद नहीं करूंगा
तुम मुझे टाल दो, मैं शायद माफ नहीं करूंगा
तुम मुझे प्रोत्साहित करो, मैं तुम्हें कभी नहीं भूलूंगा।

- विलियम ऑर्थर वॉर्ड

असल में सफल व्यक्ति ईमानदारी की कद्र करते हैं। खुद को शाबाशी देते हैं। दूसरों को प्रोत्साहित करते हैं। लेकिन कभी खुद की चाटुकारिता नहीं करते।

मां-बाप को बच्चों का हौसला बढ़ाना चाहिए। पति-पत्नी को एक-दूसरे को हिम्मत देनी चाहिए।

जब मैं छोटी थी, तब मेरी मां ने सिखाया रंग भरना। 8 वर्ष की उम्र में मुझे नई चीजें पसंद आने लगीं और मैं तेजी से लाइनें खींचने लगी।

मैं हर रोज अपने घर के दरवाजे पर तस्वीरें बनाती थी। वह समय मेरे पिता के घर आने का होता था। वह काफी देर तक मेरी कृतियों को निहारते। मैं पापा का इंतजार करती थी क्योंकि उनके शब्द मेरे में उत्साह भर देते थे। वो मेरी हर छोटी सी छोटी कृति पर अपनी राय देते।

उनके हौसला देने से मैंने अपनी कुछ तस्वीरें अपने रिश्तेदारों को दीं। 2 वर्ष बाद जब मैंने उन्हें देखा तो मुझे खुद पर हंसी आई।

लेकिन मुझे उत्साह मिलता गया और मेरा रंगों से प्यार बढ़ता रहा। 10 वर्ष की उम्र में मुझे एक राष्ट्रीय प्रतियोगिता में गोलकुंडा में पदक मिला।

ध्यान देना सीखिए (Cultivate Consideration)

एक बार भगवान कृष्ण से मिलने उनका दोस्त द्वारिका में आया। उनके महल में बताया गया कि वे पूजा कर रहे हैं। दोस्त चकित था 'भगवान किसकी पूजा कर रहे हैं? कृष्ण का भगवान कौन था।' दोस्त ने सोचा।

जवाब ढूंढ़ने के लिए उसने अंदर झांका। उसे यह देखकर अचम्भा हुआ कि छोटी-छोटी मूर्तियां सामने रखी हुई थीं और कृष्ण उनसे बातें कर रहे थे। वे मूर्तियां थीं सुदामा, अर्जुन, यशोदा, नरसिंह मेहता, ग्वालों आदि की। वह हरेक से पूछ रहे थे 'आप कैसे हैं?' 'क्या मैं आपके लिए कुछ कर सकता हूं?' 'क्या आप खुश हैं?'

सफल लोग इस तरह दूसरों का ख्याल रखते हैं।

क्या आप जानते हैं कि एक ट्यूब लाइट में स्टार्टर की क्या भूमिका होती है?

अगर आप ट्यूब लाइट को जलाएं और स्टार्टर को निकाल दें तो वह तब तक जलती रहेगी जब तक कि आप उसे बंद न कर दें।

लेकिन एक बार बंद करने के बाद उसे दुबारा स्टार्टर के बिना जलाया नहीं जा सकता।

कुछ लोग हमारे जीवन में स्टार्टर होते हैं। यह हमारा कर्त्तव्य है कि हम उनके संपर्क में रहें। उनका ख्याल रखें। क्योंकि अगर वे नहीं होंगे तो हम शायद किसी दिन अपना काम ही न शुरू कर पाएं।

सफल लोग सबकी परवाह करते हैं और उनका यह लिहाज भी उन्हें दूसरों से अलग बनाता है।

अपनी सृजनात्मकता को तराशते रहिए

(Hone your creativity)

इसका अर्थ यह नहीं है कि आप कोई संगीत रचें, किताब लिखें या कोई आविष्कार करें। इसका अर्थ है एक बढ़ोत्तरी जीवन के किसी भी क्षेत्र में।

मैं सोचता हूं सृजन की शुरुआत अपने दिमाग (mood) से होती है।

- चार्ली चैपलिन

विभिन्न मनःस्थितियों में हम विभिन्न चीजों को ध्यान से देखते हैं जो हमारी सृजनात्मक इन्द्रियों को उद्वेलित करती है।

दुःखी मनःस्थिति में हम जो देख पाते हैं, हंसी-खुशी में उसे समझने से हम चूक जाते हैं। जब हम बीते समय को याद करते हैं तो बहुत सारी बातों के अर्थ निकलते हैं, मर्म समझते हैं जो पहले हमने कभी महसूस ही नहीं किया होता।

लेकिन हम मनःस्थिति पर ज्यादा भरोसा नहीं करते क्योंकि वह बदलती रहता है। पर बदलती मनःस्थिति ही एक स्वस्थ व रचनाशील व्यक्तित्व की निशानी है। क्षणिक खुशी की तरंग या क्षणिक दुःख का वेग कभी-कभी बड़ी उपलब्धियों को जन्म देती है क्योंकि ये क्षणिक भावनाएं हमारी सृजन शक्तियों को जागृत कर देती हैं।

जब हमने हमारे व्यक्तित्व विकास संस्थान 'स्वैश' की शुरुआत की, तब अपने शहर जोधपुर को दिमाग में रखा। जोधपुर के लोगों की जरूरतों व परेशानियों को ध्यान में रखते हुए, हमने चार सप्ताह का अनूठा प्रशिक्षण कार्यक्रम तैयार किया। यह कार्यक्रम दृष्टिकोण, व्यवहार व संप्रेषण (attitude, behaviour and communication) में परिवर्तन से संबंधित है।

"मनुष्य हाथों से नहीं वरन् मस्तिष्क से चित्रकारी करता है।"

- माइकल एन्जलो

यह कार्यशाला आज भी देश भर की सबसे अनूठी कार्यशालाओं में से एक है।

जब हमने स्वैश प्रारंभ किया था, बहुत से लोगों ने हमें आगाह किया और बहुतों ने मज़ाक बनाई कि इस शहर में यह प्रयास सफल हो ही नहीं सकता।

एक दिन हमारे एक मित्र, श्री नवरतन कंसारा, हमारे दफ्तर आए। उन्होंने हमें हमारी सफलता पर बधाई दी।

'क्या आपको लगता है कि हम सफल हो गए हैं?' मैंने उनसे जानना चाहा।

'जब लोग तुम्हारे नाम की, तुम्हारे काम की, तुम्हारे अंदाज की, विशेषताओं की नकल करने लगे तो समझ लो कि तुम सफल हुए हो, तुमने कुछ बेमिसाल हासिल किया है।' उन्होंने जवाब दिया।

आज बहुत से व्यक्ति जी जान से स्वैश की नकल करने में लगे हैं।

परन्तु किसी हिट गाने की नकल या किसी की सफलता की नकल कभी सृजन की संतुष्टि नहीं दे सकती। इसके विपरीत, नकल हमें अपनी क्षमताओं का पूर्ण दोहन करने से रोकती है।

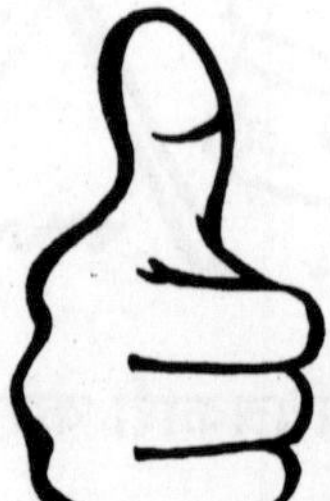

नकल नहीं

सृजन कीजिए

Never Imitate,

Always Create

आखिरी आह्वान

ये समय इस पुस्तक को समाप्त करने का है। ये समय आपके लिए एक नई शुरुआत करने का है। ये समय है अपनी आत्मा के छिद्रों को पहचानकर उन्हें सिलने का। ये समय है, आखिरकार अपने गुणों व अवगुणों की सूची बनाने का, उनमें बदलाव के तरीके ढूंढ़ने का। अपने लिए एक 'त्वरित कार्यसूची' बनाइये

सोचें और लिखें :

मेरी विशेषताएँ	बदलाव की आवश्यकता	मैं कैसे बदलाव करना चाहता/चाहती हूँ?

हमें विश्वास है, आज इस
पुस्तक को पढ़ने के पश्चात
आप एक बेहतर इंसान बन पाए हैं।
प्रिय मित्र, अपने अंदर आए बदलावों को
हमेशा के लिए सहेजें।

उठें, आगे बढ़ें और
पाएँ
कामयाबी
ऐसे ...

ऊर्जावान युगल

वे विचार बोते हैं, हास्य-विनोद उपजाते हैं, वे लोगों के भीतर उत्साह जगाते हैं

अक्सर लोग कहते हैं - एक और एक ग्यारह होते हैं। जहाँ तक इस लेखक युगल का सम्बन्ध है यह एक और एक पूर्ण हैं। दो ऐसी प्रतिभाएं जिन्होंने बड़ी अल्पायु में लिखना शुरू किया, दो सृजनात्मक मस्तिष्क जो सदा सृजन के पर्याय रहे हैं, ऐसे दो लोग जो सदा एक दूसरे के पूरक हैं।

स्वैश - एक ऐसी अद्वितीय संस्था जो लोगों को विकसित करती है इनके संयुक्त सोच और विचार विमर्श का परिणाम है। इनका अद्वितीय कार्यक्रम- `Communication Connoisseur' अंतर्ज्ञान की अद्वितीय यात्रा है। वर्ष 1999 में स्कूल ऑफ बिजनेस, हार्डिंग विश्वविद्यालय अमेरिका का प्रमाण-पत्र उनकी दृढ़ता का परिणाम है।

स्वैश के प्रतिभागी जिन्हें स्वैशियन कहा जाता है - इस प्रशिक्षक युगल के अनन्य प्रशंसक हैं और उन्होंने अपने दोस्त, दार्शनिक और पथ प्रदर्शक के सम्पर्क में रहने हेतु स्वैश एलुमनी संगठन का निर्माण किया है।

इनकी कार्यशालाओं में हास्य व शिक्षा का अनूठा मिश्रण होता है। कुल पचास घंटों की ये कार्यशालाएँ प्रतिभागियों के व्यवहार तथा अभिवृत्तियों को परिवर्तित व्यवहार तथा अभिव्यक्तियों को परिवर्तित करने में पूर्णतया सक्षम हैं। इस युगल का विश्वास है कि अगर हमने एक व्यक्ति को परिवर्तित कर दिया तो हमने एक पूरे संसार को परिवर्तित कर दिया।

स्वाति

महज 26 साल की इस गतिशील चिन्तक ने कलम से मित्रता बहुत पहले ही कर ली थी। वर्ष 1992 में मात्र सत्रह साल की उम्र में उनका पहला रचनात्मक प्रयास प्रथम पुस्तक के रूप में सामने आया। इतनी कम उम्र में

उनका अदम्य विश्वास और आत्मबल हमेशा अविश्वास का मुद्दा बना रहा। मगर उनकी दृढ़ता ही थी जिसने उन्हें अल्पायु में अपना कार्य आरंभ करने की राह दिखाई। इक्कीसवें साल में अपने बचपन की परिकल्पना को मूर्त रूप देते हुए वह `स्वैश' की व्यवस्थापिका बनीं। उनकी अद्‌भुत ईमानदारी और स्पष्ट नजरिया उन्हें अपनी कार्यशाला के प्रतिभागियों के लिए एक आदर्श बनाता है। उनकी दृढ़प्रतिज्ञता और अनुशासनप्रियता अनुकरणीय है। इस पुस्तक का आधार स्तंभ भी उनके पारदर्शी विचार ही हैं।

अभी वह `स्वैश' की निदेशक (प्रशिक्षण) और जोधपुर इंस्टीट्‌यूट ऑफ साइंस एण्ड मैनेजमेंट के एम.बी.ए. पाठ्‌यक्रम के निदेशक के पद पर कार्यरत हैं।

शैलेश

विनोदवृत्ति और हाजिरजवाबी के पर्याय हैं। दस वर्ष की आयु में ही इन्होंने मंच पर अपनी प्रतिभा का प्रदर्शन शुरू कर दिया था। उनके हास्य-विनोद और आनन्दपूर्ण कार्यक्रमों ने विश्व के तमाम कोनों के लोगों को प्रफुल्लित किया है।

उनके खास शो `ऐन इवनिंग विद शैलेश लोढ़ा' ने यू.एस.ए. में काफी प्रशंसा व सम्मान अर्जित किया। शिकागो से कलकत्ता, ह्यूस्टन से हैदराबाद और न्यूयार्क से नई दिल्ली, सभी जगह उन्होंने अपनी अद्‌भुत हास्यबोध और अद्वितीय प्रशिक्षण शैली से लोगों को दीवाना बनाया।

लाखों लोगों ने उनकी कुशाग्रता को अनुभव किया और हजारों व्यक्तियों ने उन्हें एक प्रखर वक्ता के रूप में सुना। लगभग 10,000 घंटों के प्रशिक्षण का उनके पास अनुभव है।

सम्पर्क : Shaileshlodha@hotmail.com,
Swatilodha@hotmail.com

श्रेष्ठ पुस्तकें जो आपके जीवन को नई दिशा देगीं

किरण बेदी

डायमंड बुक्स
X-30, ओखला इंडस्ट्रियल एरिया, फेज-2, नई दिल्ली-110020
फोन नं. 41611861-66, 40712100, फेक्स: 011-41611866,
ईमेल : Sales@dpb.in, Website: www.dpb.in